君子人格与大学生创造力

Junzi Personality and College Students' Creativity

马 骏◎著

吉林大学出版社

·长春·

图书在版编目（CIP）数据

君子人格与大学生创造力 / 马骏著. -- 长春 : 吉林大学出版社, 2023.3
ISBN 978-7-5768-1491-0

Ⅰ.①君… Ⅱ.①马… Ⅲ.①大学生 - 道德修养 - 研究②大学生 - 创业 - 研究 Ⅳ.①G641.6②G647.38

中国国家版本馆CIP数据核字(2023)第042953号

书　　　名：	君子人格与大学生创造力
	JUNZI RENGE YU DAXUESHENG CHUANGZAOLI
作　　者：	马　骏
策划编辑：	黄国彬
责任编辑：	蔡玉奎
责任校对：	田茂生
装帧设计：	刘　丹
出版发行：	吉林大学出版社
社　　址：	长春市人民大街4059号
邮政编码：	130021
发行电话：	0431-89580028/29/21
网　　址：	http://www.jlup.com.cn
电子邮箱：	jldxcbs@sina.com
印　　刷：	天津和萱印刷有限公司
开　　本：	787mm×1092mm　　1/16
印　　张：	8
字　　数：	120千字
版　　次：	2023年3月　第1版
印　　次：	2023年3月　第1次
书　　号：	ISBN 978-7-5768-1491-0
定　　价：	48.00元

版权所有　翻印必究

序

尽管做君子不做小人是中国儒家文化追求的做人理想，但在现实生活中却存在着一个悖论——做小人的收益比做君子要高。既然如此，人们为什么还要追求君子之名呢？这似乎是个千年未解的难题。

近年来，创新创业教育成为教育学的热点研究。教育部要求大学生创新创业教育要与思政教育相融合，在培养大学生高尚品格的同时培养其创造力。这让我们重新审视上述的千年难题。是不是君子人格与创造力之间存在着一定的作用机制？

作者在攻读北京大学硕士学位和从事北京大学访问学者研究时，将君子人格与大学生创造力作为其研究方向，选择我作为其导师。

我们在梳理和君子有关的文献时，发现前人认为君子人格对创造力可能存在预测作用，并且自我实现动机可能在君子人格与创造力之间起到中介作用。但所有这些都只是理论的猜测，缺乏实证研究的支持。我们通过三个研究揭示了君子人格与大学生创造力之间的关系以及作用机制，证实了前人的理论猜测。

这样的结果为中国人为什么要做君子提供了实证研究的支持，对我们构建实验儒学心理学提供了新的实证资料，也为培养大学生的君子人格从而促进其创造力提供了理论依据。

侯玉波

于北京大学王克桢楼

2022年6月

Although it is the ideal of Chinese Confucian culture to be a Junzi rather than a villain, there is a paradox in real life that the benefit of being a villain may be higher than that of being a Junzi.
In that case, why should people pursue the name of a Junzi?

The results of the current research not only revealed the relationship between Junzi personality and college students' creativity and its underlying mechanism, but also provide empirical evidence for why Chinese should be a Junzi and how to construct Confucian psychology, which further offer a theoretical basis for cultivating college students' Junzi personality to promote their creativity.

内容提要

在梳理和君子有关的文献时,我们发现前人认为君子人格对创造力可能存在预测作用,并且自我实现动机可能在君子人格与创造力之间起到中介作用。但所有这些都只是理论的猜测,缺乏实证研究的支持。本研究力图在心理学的框架内对这一推测加以证实。为了实现这一目标,本研究设计了三个子研究。

研究1通过对某一高校的731名大学生的问卷调查,探讨了君子人格与大学生创造力的关系,发现君子人格能正向预测大学生创造力。就君子人格的分维度而言,智仁勇维度对创造力的预测作用最大,喻义怀德、有所不为和持己无争维度次之,恭而有礼维度最小。

研究2进一步加入自我实现这一中介变量,同样采用问卷形式,将被试扩大到全国大学生。通过跨时间点的调查,首先要求被试填写君子人格问卷,2周后填写创造力问卷和自我实现动机问卷。通过对获得的241份有效匹配问卷做分析,进一步证实了君子人格能正向预测大学生的创造力,同时自我实现在其中起到中介作用。而君子人格中的智仁勇、喻义怀德和持己无争这三个分维度是通过自我实现来正向预测大学生创造力。

研究3采用实验操纵的方式,重新在全国招募大学生,首先填写君子人格问卷,然后将被试随机分为高自我实现组和低自我实现组,启动被试的自我实现后要求被试实施创造力任务,进一步验证君子人格通过自我实现影响创造力的因果关系。

君子人格与大学生创造力
Junzi Personality and College Students' Creativity

When combing the literature related to the Junzi, we find that previous scholars believe that the Junzi personality may have a predictive effect on creativity, and self-actualization motivation may play a mediating role between the Junzi personality and creativity. But all these are only theoretical guesses, lacking the support of empirical research. This study tries to confirm this conjecture within the framework of psychology. In order to achieve this goal, this study designed three studies.

Study 1 explored the relationship between Junzi personality and college students' creativity through a questionnaire survey of 731 college students in one university, and found that Junzi personality positively predicted college students' creativity. In terms of the sub-dimensions of Junzi personality, the predictive effect of ZRY (wisdom, benevolence and courage) was the largest, followed by YYHD (conversancy with righteousness and cherishment of benign rule) and YSBW (refraining from what should not be done) while the predictive effect of CJWZ (self-cultivation rather than contentions with others), though significant, was the least.

Study 2 further included the mediator of self-actualization, and extended the sample to college students nationwide in the form of questionnaires. Through a two-wave survey, the participants were first asked to fill in the Junzi personality questionnaire, and then fill in the creativity questionnaire and self-actualization motivation questionnaire two weeks later. Through the analysis of 241 matched questionnaires, it is further confirmed that Junzi personality positively predicted college students' creativity, and self-realization plays a mediating role in it. Regarding the sub-dimensions of Junzi personality, RZY, YYHD, CJWZ positively predicted creativity by the motivation of self-actualization.

Study 3 re recruited college students in the country by means of experimental manipulation. First, they filled in the Junzi personality questionnaire, and then randomly divided the subjects into high Self-Actualization group and low Self-Actualization group. After starting the subjects' Self-Actualization, they were asked to implement the creativity task to further verify the causality of Junzi personality affecting creativity through Self-Actualization.

目 录

第一章 引 言 ·· 2

第二章 君子人格 ·· 6
  2.1 君子人格的概念 ·· 6
  2.2 君子人格的测量 ·· 11
  2.3 君子人格的影响 ·· 12
  2.4 君子人格的实质 ·· 15

第三章 创造力 ·· 20
  3.1 创造力的概念 ·· 20
  3.2 创造力的测量 ·· 22
  3.3 创造力的影响因素 ·· 24

第四章 自我实现 ·· 30
  4.1 自我实现概念 ·· 30
  4.2 自我实现动机的内涵 ·· 33
  4.3 自我实现动机的测量 ·· 34

第五章　理论假设 ·························· 38

5.1 君子人格与创造力 ··················· 38
5.2 君子人格与自我实现 ················· 39
5.3 自我实现与创造力 ··················· 41
5.4 自我实现的中介作用 ················· 43
5.5 研究模型 ·························· 43
5.6 研究设计 ·························· 44

第六章　研究一 ·························· 48

6.1 目的 ····························· 48
6.2 方法 ····························· 48
6.3 结果 ····························· 50
6.4 讨论 ····························· 53

第七章　研究二 ·························· 56

7.1 目的 ····························· 56
7.2 方法 ····························· 56
7.3 结果 ····························· 58
7.4 讨论 ····························· 62

第八章　研究三 ·························· 64

8.1 目的 ····························· 64
8.2 方法 ····························· 64
8.3 结果与讨论 ························ 67

第九章 总讨论 …… 70
9.1 君子人格与创造力 …… 71
9.2 自我实现的中介作用 …… 74
9.3 理论贡献 …… 76
9.4 实践意义 …… 78
9.5 局限与展望 …… 82
9.6 结论 …… 84

参考文献 …… 88
附录1 研究1使用的君子人格和创造力问卷 …… 104
附录2 研究2使用的创造力和自我实现问卷 …… 108
附录3 研究3使用的实验指导语 …… 110
致谢 …… 114

引言

天行健，君子以自强不息
地势坤，君子以厚德载物

第一章 引 言

"天行健，君子以自强不息；地势坤，君子以厚德载物"。这两句耳熟能详的话出自孔子为《周易》写的《象传》，也促成了我们对于君子的认知。

这段话的含义是君子处世，应该像天一样，自我发奋图强、开拓创新、不断奋进，还应像大地那样，具有一切美好品德、能够容纳一切事物。这让我们体会到一个鲜活的理想人格的形象，而这种理想的人格也是千百年来中国人的最高追求。正如汉学家认为的那样，君子人格就是孔子要对大众塑造的理想人格（Brindley, 2009; Cua, 2007; de Bary, 1991）。

尽管人们都想成为君子而不是小人，但在现实生活中却存在着一个悖论——做小人的收益比做君子要高。既然如此，人们为什么还要追求君子之名呢？或许我们可以从自强不息和厚德载物中一探究竟。

自强不息在心理学中对应到积极情感、自我效能、创造力等概念范畴，厚德载物虽然是道德要求，但却成为个人与他人与社会融洽相处的保证，从而使得个体更具有归属感，两者结合起来，能够促使个体产生自我实现的高峰体验，进而使人们感受到人之为人的意义（Maslow, 1962）。因此，相对于小人带来的短暂的低层级需求的满足，实现自己的人生价值是儒家文化影响下的中国人更为看重的，而这种自我价值的实现也可能会促进人们的创造力，高创造力的个体往往会有更高的人生成就。如有学者认为具备君子人格的个体有着较高的自我实现动机（安乐哲，2006），而自我实现者往往具有较高的创造力（Maslow, 1971; 俞国良, 张伟达, 2019; 张登浩, 2013）。因此，君子人格有可能会通过自我实现动机来促进创造力。

然而，目前对君子人格与创造力之间的关系及其作用机制的研究实际上一直停留在理论层面，缺乏实证研究来对此考察，特别是在大学生群体中。

近年来，创新创业教育成为各个高校重点要开展的工作，培养大学生的创造力是高等教育的天然使命，因此，是否能够通过君子人格的塑造来提升其创造力也成为人们关注的重点。

而本研究也将从君子人格着手，考察其与大学生创造力的关系，并进一步从自我实现动机角度明确其作用机制，以期为中国人为什么要做君子提供实证研究的支持，进而为儒学心理学的构建提供新的实证资料，同时，为培养大学生的君子人格从而促进其创造力提供理论依据，这也将有利于大学生思政教育和创新教育的融合开展，因而具有较强的实践意义。

君子人格

天行健，
君子以自强不息
地势坤，
君子以厚德载物

第二章 君子人格

2.1 君子人格的概念

人格（Personality）在心理学上至今没有一个标准的定义，但学者们对人格的定义形成了一定共识：人格是个体区别于其他人的一种独特的心理结构特征，具有整体性、独特性、对行为的调节性和相对稳定性（Allport, 1937; Prince, 1908; 郭永玉, 2005; 林崇德, 2003; 彭聃龄, 2004）。

儒学对中国和东亚文化影响至深（Watson, 2007），越来越多本土学者从儒家文化出发来研究人格（黄希庭, 2017）。主流人格理论来自于西方，基于西方文化、哲学、社会学中关于人性的假定，尤其是"人本恶"的假设，引入中国后遭受到了较多质疑（Markus & Kitayama, 1998; 黄希庭, 范蔚, 2001）。西方强调的是具有独立情感、意志和理智的个体（郭永玉, 2005），人生来"是人（be a person）"（王登峰, 崔红, 2008b）。儒家文化强调人的社会性，认为人的价值应该在与家庭、社会、国家的关系中得以体现（杨国枢 等, 2009），基于"人本善"的人性假定，需要努力才能"做人"（王登峰, 崔红, 2008b）。在儒家文化影响下，人们所追求的理想人格模型就是君子人格（Brindley, 2009; Cua,

2007; de Bary, 1991; 胡继明, 黄希庭, 2009; 邵朴, 2017）。

　　君子一词始见于先秦儒家的书籍，其本意是指贵族、士大夫等地位较高的人（张恒寿, 1987）。孔子将人格分为7个层次，由低到高分别是小人、士、善人、成人、贤人、君子、圣人（吴志超, 2020），而君子是普通人通过修行可以达到的最高状态（丁晓璐, 2013）。孔子将仁、义、礼、智、信等道德品质充实进入君子的内涵中（吴志超, 2020），孔子以后的学者开始将君子视为人格品质概念（陈来, 2017）。君子人格至今没有一个标准的定义，但学者们形成了一定共识：君子人格不是大五人格、大七人格的替代版或升级版，君子人格不是对个体人格差异进行描述和解释的模型，是对君子的特质描述（王德福, 2013），包含中国文化（尤其是儒学思想）中理想的人格特质（葛枭语, 李小明, 侯玉波, 2021; 邵朴, 2017）。

　　君子人格的内涵十分丰富。孔子为君子赋予了人格品质的内涵，探讨君子人格，首先要从孔子的经典言论开始。在孔子的学说中，君子具有非常明确的意涵描述与行为表现（葛枭语, 侯玉波, 2021）。比如：孔子主张"君子道者三，我无能焉：仁者不忧，知（智）者不惑，勇者不惧"，要想清晰描述君子人格，还是要以"智"、"仁"、"勇"三个基本的维度为出发点进行探讨（李建伟, 李飞, 胡凌燕, 2009）；孔子认为，成为君子需要"修己以敬""修己以安人""修己以安百姓"，要想变成君子，不仅要提升自己，还要使周边的人安宁和快乐，使天下的百姓安居乐业，因此，君子人格核心可以"修己安人"四个字概括（钱念孙, 2020）；君子要注重内在伦理修养和外在治世修养，内在修养即内胜之学，要严于律己和修身，不断"反求诸己"，外在治世修养即外王之学，不断"推己及人"，匡济天下，因此，君子人格的核心可以概括为"内圣外王"（余英时，1989）；汪凤炎 和 郑红（2008）认为君子人格包含仁、义、礼、智、信、忠、恕、诚、勇、孝、文质彬彬、和而不同、谦虚和自强这十五部分；李建伟、李飞 和 胡凌燕（2009）认为认为君子人格包含仁者爱人、自强不息、理想抱负、学识修养、言行悦人等五个部分；杨国枢（2009）认为君子人格的特征包括知（智）者不惑、仁者不忧、勇者不惧，不怨天、不尤人，知其不可而为之，鸟兽不可与同群等内涵；余秋雨（2014）认为君子内涵有君子怀德、君子之德风、君子成人之美、君子周而不比、君子坦荡荡、君子中庸、君子有礼、君子不器、君子知耻等9个方面；牟钟鉴（2019）将君子人格概括为仁义、涵养、操守、容量、坦诚、担当等六个方面；陈诗师 和 邓名瑛（2019）认为君子人格的特质主要体现在知、情、意、行，也就是体现在志道信念、仁爱情怀、责任意识和担当精神四方面，君子人格始于志道信念，落实在担当精神上，这四个层面构成了彼此相关，层次递进，互相限定，互相支持的逻辑整体，四方面均不可或缺；涂可国（2020）则认为君子的内涵有忠恕、宽厚、仁德、情义、谦逊、诚信、中和、亲民等八个方面。

　　学者对君子人格的具体的内涵的表述，大致可以概括为品德、行为、能力等方面。其中品德包括仁、义、忠、恕、勇；行为包括中庸、言行一致；能力包括智、文质彬彬（吴志超，2020）。葛枭语 等（2021）收集30年来发表在国内的核心期刊的君子人格文献，发现在对君子人格要素的讨论中，仁、义、礼、智、自强等要素出现的次数最多，是公认的君子人格的内涵，具体情况见表2.1（葛枭语，李小明，侯玉波，2021）。

　　学者的研究为研究君子人格内涵提供了丰厚的成果，带来有益的启发，但也出现了莫衷一是的现状，这或许是研究君子人格的主流学科范式造成的（葛枭语 等，2021）。从这些内涵的表述来看，有两点值得关注：一是君子人格的内涵在不断发展，但先秦儒家学说中的合理成分仍然是不同时代理想人格的基础；第二，从这些内涵来看，君子人格的构成与西方现代心理学中的人格结构不同，"仁""义""礼""智""信"等特质不仅可以看作是君子人格的人格特质，也可以看作是"成人"的原则与方式（王德福，2013）。

表2.1 从文献中提取的君子人格要素汇总表

论述范畴	仁	义	礼	智	自强	中庸	信	忠恕	勇	谦	文质彬彬	言行	和而不同	其他	研究者	年份
完美人格(孔子)	仁	重义	复礼归仁			中庸								吾日三省吾身	郭忠义	1989
理想人格儒家	仁	义以为上	礼		自强不息			孝慈则忠						志不可夺、经世济民、献身精神	王国良	1989
君子人格 (先秦儒家)	仁爱情怀	义			刚健自强	中庸风貌		忠恕品格			文质统一			厚道、谨慎、温顺	彭薇	1993
君子人格(孔子)										谦让				仁文之忠、仁知勇合一	徐新平	1995
理想人格儒家		重义轻利				中庸之德								安贫乐道、坦荡宽容	彭庆红	1996
君子人格(孔子)		以义为质	遵礼守法		自强不息	中庸不偏						慎言敏行		关怀意识、律己成人	郭广银	1996
君子人格(周易)					自强不息	中正						言有物行有恒		属守气节	李承贵	1996
君子人格(周易)				知儿						谦而不骄				有耻、遇事场善	李兰芝	1996
道德人格儒家	崇仁	重义	隆礼	智			信	忠、孝悌		谦虚				求道	于春海、卞良君	1997
完美人格(孔子)		义以为上	以礼节行	智				忠恕待人	勇						于福存	1999
君子人格(论语)	以仁为本											当行一致			汤勤福	2000
															邓球柏	2001
君子人格(儒家)	仁	义	礼	知			信								肖起情	2005
传统玉因素人格	仁		礼	智	自强不息	中庸		忠、恕	勇		文质彬彬	重行		志于道、明德、重责任	刘辉	2005
君子人格(孔子)	仁	义	礼	智	自强不息	中庸	信	忠、恕	勇		文质彬彬		和而不同	燕国材、刘同辉	2007
道德人格(孔子)	仁	义以为上	礼	智	自强不息	中庸	忠信		勇		文质彬彬		和而不同	景杯斌、汪凤炎	2008
完美人格(孔子)	仁爱	重礼		智明而圣	自强	中庸	诚信不欺								梁国典、胡继明	2008
君子人格(论语)		通晓道义	恭而有礼					忠恕							黄希庭	2009
君子人格(孔子)	仁	正义	知礼	知儿	自强		诚信		勇敢	谦虚	文质彬彬	言行一致	和而不同	好学上进、自尊自重、心胸坦荡、守死善道	黎红雷	2011
君子人格(周易)	以仁为本	唯义是从	崇文尚礼									持之以恒、谨慎		通权达变	黄再田、汪凤炎	2013
君子人格(论语)														乐天知命	昌盛	2015
计数	14	13	13	10	10	8	6	5	5	5	4	5	3			

资料来源：葛枭语，李小明，侯玉波，（2021）

2.2 君子人格的测量

研究君子人格的主流学科范式不是心理学，造成了君子人格的内在结构众说不一，现代人格心理学的实证研究方法是弥补上述局限的一种有益思路（葛枭语 等，2021）。学者们大多借鉴大五人格（five-factor model of personality，FFM）的词汇学构建思路（Costa & McCrae，1985）来编制君子人格量表，主要有三种不同的研究路径。

一些学者从词典和古籍中提取君子人格的要素来构建君子人格模型。鲁石（2008）从词典中选取那些用来描绘君子形象的词汇来构建词表，进而形成礼、义、仁、忠恕、智等五大君子人格的要素，并使用这些要素来编制量表。汪凤炎和郑红（2008）提出"君子-小人"二分式人格模型，以仁、义、礼、智、信、忠、恕、诚、勇、孝、文质彬彬、和而不同、谦虚和自强这十五个标准对君子人格进行测量，能够很好地体现出这十五种品格的人就可以认定为君子，反之就是小人。周宵、桑青松 和 姚本先（2011）参照大五人格的理论，提取君子特质中的仁、义、礼、智、信五个要素，将"仁"作为衡量君子人格的基本标准和核心指标，同时将"义"作为道德评价指标，将"礼"作为社会评价标准，经过对这五个要素的探讨，发现君子人格具有道德性、规范性、互动性和功能性几个维度。许思安和张积家（2010）通过实证研究来探索君子人格的结构，共计概括出描绘君子人格的114个词汇，编制问卷对被试进行问卷调查，采用探索性因子分析进行分析，最终建构起由社会性因子、践行因子、中和因子、统合因子等四个维度构成的君子人格结构模型。

也有学者直接从当代人对君子的认知来建构君子人格模型。孟燕 等（2008）要求被试以君子为核心词自由生成典型特征，进而提出了君子人格的结构；李建伟、李飞和胡凌燕（2009）首先调查学生心目中最具代表性的15名君子，选取1000名学生描述这些人的特征，截取109个高频词，再编制问卷，请1000名学生进行评分，并进行探索性因子分析，得到君子人格的五大结构模型，认为君子人格由仁者爱人、自强不息、理想抱负、学识修养、言行悦人等五个因子组成。

还有学者从孔子的经典言论中提取要素，编制量表在现代人之中进行验证，剔除贡献度小的题项，最终构建出量表。李小明（2020）从孔子对君子的描述中提取词汇，经问卷施测和数据分析，认为君子人格由"智仁勇、恭而有礼、喻义怀德、有所不为、持己无争"五个维度组成，提出君子人格五因素模型，编制了君子人格量表。葛枭语、李小明和侯玉波（2021）使用该量表进行实证研究，结果表明，君子人格的五因素模型具有良好的信度、聚合效度、区分效度、效标关联效度等。君子人格五因素模型与大五人格模型相比具有较高的区别度，是独立于大五人格的人格要素。王登峰、侯玉波、李小明、葛枭语等学者的研究取得了较多的成果，君子人格五因素问卷（李小明，2020）获得了较大的认受度。

2.3 君子人格的影响

君子人格对个体的创造力造成影响。先前的研究表明，人格能够预测创造力（Feist，1998）。大五人格的开放性维度正向预测创造力（Kelly, 2006; McCrae, 1987; Soldz & Vailant, 1999），创造性人格也可以正向预测创造力（Feist, 1998; 罗晓路, 林崇德, 2006），但君子人格与创造力的关系目前尚未有实证研究加以证实。学者们在理论层面对两者关系进行了探讨。他们认为君子人格是儒学所塑造的理想人格，君子人格展现出知（智）者不惑、仁者不忧、勇者不惧、好学上进、刚健自强、反思自省、自强不息、积极进取、通权达变等内容（葛枭语 等, 2021; 李小明, 2020; 杨国枢, 2009），按照先前的研究成果（丁晓璐, 2013; 殷开达, 2014; 朱呈呈 等, 2019），可以推测这些特质与创造力存在关联。

虽然没有实证研究证明君子人格整体与创造力的关系，但有学者探讨了君子人格"智仁勇"维度对创造力的影响。朱呈呈 等（2019）通过对266名知识型员工进行问卷调查，发现智仁勇能够正向影响创造力；智仁勇通过批判性思维正向影响创造力；智仁勇通过自我效能感正向影响创造力；智仁勇通过批判性思维提升自我效能感，进而促进创造力。

学者们还发现，君子人格具备较高的自我实现动机（安乐哲, 2006; 丁晓璐, 2013; 王德福, 2013; 杨国枢, 陆洛, 2009）。自我实现最早出现在需求层级理论中，该理论认为自我实现是个体最高层级的需求。君子人格个体是实现平和悦乐的行动者，是个体不断向上改进自己（杨国枢, 陆洛, 2009），"修己以敬""修己以安人""修己以安百姓"，达至"修己安人"的状态（钱念孙, 2020），君子要注重内在伦理修养和外在治世修养，达至"内圣外王"（余英时, 1989），君子需要具备"志道信念、仁爱情怀、责任意识和担当精神"（陈诗师, 邓名瑛, 2019），君子人格表现为"智仁勇、恭而有礼、喻义怀德、有所不为、持己无争"（李小明, 2020），从君子人格特质描述来看，达至君子的过程就是不断地追求自我实现，个体的君子人格的表现程度越高，其自我实现的表现也越高。马斯洛后期提出了超越型自我实现，认为个体在"以问题为中心，高度的集中，忘我，强烈的感官体验和对所从事事业的热切欣赏"等层面存在差别，依据强弱可以分为高峰型和非高峰型，高峰型属于超越型自我实现（Maslow, 1971）。君子"以仁为本、唯义是从、崇文尚礼"（昌盛，2015），君子"自强不息、勇敢、律己成人、坦荡宽容、献身精神、智明而圣、通权达变"（郭广银，1996；黎红雷，2011；王国良，1989；），君子"文质彬彬、志不可夺、经世济民、和而不同、自尊自重、关怀意识、持之以恒、遏恶扬善"（杜振吉，1995；黄雨田，汪凤炎，2013；李承贵，1996），这些特质体现出高峰型的特点。因此，君子人格具备超越型自我实现动机。按照儒家文化来诠释自我实现，自我实现就是渡人回正道，使人知"天命"存"天理"，做到知行合一，使人生圆满，这就是君子人格的自我实现观（王德福，2013）。君子人格的自我实现体现出社会性和超越性的合一（杨国枢，陆洛，2009），自我实现的超越性使得社会性具备了本体意义，社会性的本体意义的实现就是超越性的实现（王德福，2013），按照学者的研究成果（安乐哲，2006；王德福，2013；吴志超，2020；杨国枢，2004；杨国枢，陆洛，2009），君子人格的个体具有较高的自我实现动机。

　　学者们的研究表明，君子人格还会对积极情感、自我效能感、内源性动机等产生影响。君子人格中包含"忠恕待人、谦让、温顺、坦荡宽容、关怀意识、律己成人、心胸坦荡、乐天知命、和而不同"等与积极情感相关特质，而实证研究也表明君子人格可以促进积极情感的产生（葛枭语，侯玉波，2021；景怀斌，2006），大学生儒家价值观念越高，心理健康水平也越高（张静，2009）。Bandura（1977）提出自我效能感（Self-efficacy）概念，已有研究表明，君子人格人格的智仁勇维度具有较高的自我效能感（朱呈呈，王晶，侯玉波，2019），而智仁勇是君子人格的核心要素（葛枭语 等, 2021）。内源性动机是指个体行动基于行动本身给个体带来成就感、意义感和价值，而非基于外在因素的影响（王姣, 彭玲娇, 姚翔, 2010）。君子人格追求高成就感、意义感和价值，君子人格具有较高的内源性动机。另外，君子人格与大五人格（John et al., 2008）存在关系，学者们通过实证研究探讨了君子人格与大五人格的关系，发现君子人格水平高的个体，在大五人格的框架中进行测量，会呈现出更高的外倾性、宜人性、尽责性、开放性，以及更低的神经质，同时还发现君子人格在中国人价值观、自我和谐程度、合作人格倾向、自我成长的竞争倾向、亲社会倾向上都更高，而在过度竞争水平上表现得更低（葛枭语 等, 2021）。

2.4 君子人格的实质

本节对大五人格、大七人格、君子人格等人格理论进行辨析，探讨君子人格理论模型的实质。

西方的大五人格（OCEAN）从开放性、责任心、外倾性、宜人性、神经质性等五种特质来评测人格特质。大五人格建立在词汇学假设的基础上（王登峰&崔红, 2008），是通过分析英语词汇中所积累的关于人格特点的知识、经验、领悟和智慧所形成的人格结构（Allport & Odbert, 1936），最有代表性的是Costa 和 McCrae（1985）提出的人格五因素模型（Five Factor Model，FFM）。从英语词汇提取的人格模型适用于英语国家和英语文化影响下的人群，并不一定适用于其他文化影响下的人群。一些西方学者认为大五人格是能够完全运用于全人类的人格模型（John, Angleitner & Ostendorg, 1988），但学者们的研究表明，大五人格模型并不能够完全适用于中国人（王登峰，崔红，2000；Cheung, et al., 2001）。

一部分学者尝试对大五人格进行改良，使之更符合测量中国人的人格，具有代表性的是"大七"人格模型。王登峰等学者参照了Allport等学者使用英文单词构建大五人格结构的办法（Allport & Odbert, 1936），从汉语字典和日常用语中选取中文人格特质形容词，并将中国大陆和中国台湾的选取结果汇总，经因素分析得到了中国人的人格结构（崔红，王登峰，2003），从外向性、善良、行事风格、才干、情绪性、人际关系和处世态度七个维度构建出"大七"人格模型，并通过验证性因子分析加以证实。王登峰等人的研究表明，大五人格的各个维度在测量中国人时其内涵和结构会发生变化，例如西方的外向性人格维度在测量中国人时不再是一个独立的、内部一致性很高的人格维度。西方人的外向性与中国人的外向性、行事风格、善良、才干、人际关系和处世态度均有一定的相关关系（相关系数0.30以上）。七因素结构与NEO PI－R的五因素结构既存在一定的关系，也存在一定的区别。中国人的人格需要专用的模型（崔红，王登峰，2003）。当我们参看西方的"大五"人格理论与中国的"大七"人格理论时，除去二者中类似的、人类共有的特点外，"大七"人格理论中区别于西方"大五"人格理论的部分，与其说是东方式的，不如说是儒家式的（丁晓璐，2013）。

另一些学者的研究更为彻底，直接基于中国的文化背景，建构儒家文化倡导的君子人格的模型。儒学已成为中国人的集体潜意识，在方方面面影响着中国人（余秋雨，2014）。若要建立一种中国人的人格理论，就必须将儒家学说的相应内容考虑进去，如果脱离儒学来谈中国人的人格，其结论都是有缺陷的（丁晓璐，2013）。君子人格是儒学所塑造的理想人格，君子人格形象上展现的奋发进取的精神、自律自强的精神、仁爱谦和的精神、重义轻利的精神、反思自省的精神，都应该体现在中国本土的人格心理学框架内。君子人格与西方现代心理学中的人格结构不同，"仁""义""礼""智""信"等特质不仅可以看作是君子人格的人格特质，也可以看作是个体"成人"的原则与方式（崔红，王登峰，2003）。葛枭语和侯玉波（2019）提出"智仁勇、恭而有礼、喻义怀德、有所不为、持己无争"等五个维度构成的君子人格模型，与大五人格相比，具有较高的区别度，是独立于大五人格的人格模型。君子人格的价值不仅仅体现在静态的理想人格模板上，而是提供了中国人做人的心理与行为逻辑，将君子人格用于教育领域最能体现出其价值（王德福，2013）。

综上所述，大七人格建立在大五人格基础之上，大七人格与大五人格的区别之处体现出儒家文化对中国人的影响（丁晓璐，2013）。君子人格不能视为大五人格、大七人格的替代版或升级版，君子人格实质上不是一个对个体人格差异进行描述和解释的模型，而是对君子所进行的特质描述，是中国人追求的理想的人格模型。

创造力

天行健，
君子以自强不息
地势坤，
君子以厚德载物

第三章 创造力

3.1 创造力的概念

创造力（Creativity）涉及到多种因素和多种研究角度，导致至今没有一个统一的定义。创造力也被一些学者认为是现代心理学上用的最不严格，和定义最模糊的术语之一（武欣，张厚粲，1997），林崇德（2021）就表示，在心理学的研究中，创造力、创新、创造性是同义的。新华词典上对创造力的定义是"进行创造和发明的能力"，从英语的词源来看，创造力是从零产出新物品的能力（王根顺，高鸽，2008）。学者对创造力的定义可以分为个体取向和社会取向，而心理学关注的是创造力人的问题（Guilford, 1950），重点在个体取向视域下开展研究。

个体取向的创造力被认为是描述个体具备多少创造性的概念（李昊，2020）。创造首先具备新颖性和独创性，不够新奇且重复的行为不是创新，而创新只有能够表征和变成被观察到的创造物时才能称之为创造（Sawyer, 2006）。在个人取向的视角下，创造力被认为是一种人格特质，但又不完全是人格，介于能力与人格之间（Schuldberg, 2005）。一些学者使用能力对这种特质进行描述，马斯洛和吉尔福特均认为创造力是个体进行创造的固有能力。Maslow（1954）认为个体的创造力是与个体智力相关的某种品质或者能力,个体只要具有正常的心理能力,他就会具有一定程度的创造力。Maslow(1971)进一步将创造力分类为原发性创造力(primary creativeness)和继发性创造力(secondary creativeness)。原发创造性是指个体"无意识"或"深层自我"下的创造力,他认为原发性创造力是每个个体都具有的一种"遗传特性",在人们之中普遍存在,是人类共有的,但大多数人的原发性创造力被压抑在"深层自我"或者"无意识"当中了。如果我们对环境的适宜性进行适当调节,原发创造力就可以被释放。继发性创造力是指个体"有意识的"或"浅层自我"下的创造力。继发创造力是在个体的原发创造力受到抑制后,开始"有意识地"觉知开展创造的过程,是在他人的"原发创造性"产生的成果上开展的一种延续性质的次级创造。这套理论解释了为何生活中非常刻板、拘谨、保守的人,即使没有原发创造性,也能够取得创造性成果(俞国良,1996)。不管是"原发创造性"或是"继发创造性",都源自于人的本性,都是个体本性的体现。吉尔福特与马斯洛的观点略有不同,他认为创造力可以分类为创造性思维和创造性行动的能力,创造力普遍存在于从事创造的普通人群中,这种能力不是由个体的一些天赋形成的,也不是天才们的专属(Guilford,1950)。还有学者直接使用特质一词进行定义,认为创造力可以看作一种人格特质,其思维模式具有独创性、流畅性和灵活性的特点(Amabile,1983)。其中,流畅性主要代表了个体产生新奇想法的数量,灵活性指个体的创意的种类和类型,而独创性指个体创意与大众不同且别具一格。持人格特质论的学者对高创造力个体的人格特征进行分析,试图发现这些高创造力个体不同于普通人的一些人格特质(俞国良,1996)。基于研究,学者们提出了创造性人格(Gough,1979),将一些与成就和创造性的活动相

关联的人格特质纳入其中（Barron & Harrington, 1981），来描述个体所呈现的与创造关联的个性心理倾向（林崇德, 1999）。

社会取向的视角下，创造力不仅仅是个体特质，而是在社会文化及历史影响下的共同作用的产物（Csikszentmihalyi, 1999）。在社会取向视角下，创造力被视为产生创新想法的过程。例如，Oldham（1996）认为创造力是一个产生新颖且有用的创意的过程。创造力的过程观在本质上凸显出创造力在实践上的价值。创造力往往是包含了多个阶段的过程，这些过程一般而言很对进行精确的测量（周晓雪, 2021）。在社会取向视角下，创造力还被看作是个体开展创造性的活动所产生的结果。实证研究发现，创造力会产生新颖而且有用的想法，创造力可以产出一些具备潜在价值的新观点（Amabile, 1988），有可能是关于产品、服务的新观点，也有可能是关于管理流程、生产方法等方面的新观点（George, 2001）。有学者也持有相近的看法，比如，认为创造性活动的产出物是指针对产品、服务、商业模式、管理流程或者是工作方法所产生的新颖且有用的想法，创造性活动以提高社会的生产效率和人们的生活质量为目的（Zhou & George, 2003; Hoever et. al., 2012）。

3.2 创造力的测量

创造力测量是心理学研究的热点和难点。1950年之前，学者们大多认为创造力是个别创造力的天才才具有的，因此聚焦在个别表现卓越的创造力个体，而这些个体很容易识别，所以并没有太多测评创造力的研究。Guliford（1950）发表了创造力的演说，创造力被认为是普通人也具有的，是可以被测量出来的心理学的特质，对于创造力的评测也逐渐受到人们的重视。在人们的研究中，关于创造力的结构维度，以及测量方法一直是研究的核心，但由于创造力构成多维且复杂，导致创造力的测量问题一直是心理学上的难点（贡喆 等，2016；罗玲玲，2006；徐雪芬，辛涛，2013；周晓雪，2021）。

　　学者们通过单一测量或综合评测的方法测量创造力。初期学者们只对个体的一种能力或特质进行测量（徐雪芬，辛涛，2013），后期学者们认为创造力是创造性人格、创造性过程和创造性产品的构成统一体，开始进行综合测量（罗晓路，2009）。创造力人的评测是对个体的人格、动机、兴趣、行为等进行评测，来评估个体的创造力。创造力环境测量主要关注个体的外部的环境。创造力产品的评测主要是用外部的标准来判定等级。创造力人的测评是心理学上常用的方式，主要有创造力思维测验、创造力成就测验、同感评估技术等。创造力思维测验可以分为发散思维测验、顿悟测验、创造力倾向测验等方法。发散思维测验主要有托兰斯量表，从流畅、灵活、独创、精准等几个维度来评测个体（赵丽，吕文皎，邰鹭明，2015）。顿悟测验有原型启发顿悟、远距离联想测验和蜡烛问题等测试方法（宋晓辉，施建农，2005）。创造力成就测验通过创造力行为清单、创造力成就问卷等方式对个体创造力进行测量。同感评估技术本质是专家评分法，由于专家对该领域创造力评估存在着广泛的共识，所以可以借助专家进行判断（贡喆 等，2016）。这几种测量技术关注创造力研究的不同方面，各有其优势和劣势，因此，可以根据不同的创造力测评场景灵活运用。

　　创造力问卷是常用的测量方式。早期的问卷都是基于领域的一般性观点进行编制，因此能够用于具体领域的针对性的问卷很少。后期才陆续出现基于创造力领域的特殊性理论编制的问卷（王战旗，张兴利，

2020）。最具代表性的是Carson等人编制的创造力成就问卷（Creative Achievement Questionnaire，CAQ），以及Kaufman开发的创造力领域量表（Kaufman Domains of Creativity Scale，K-DOCS）。CAQ问卷适用于视觉艺术、音乐、舞蹈、科学探究等10个常见的领域的创造力测量，每个领域设定8个由低到高的具体指标（Carson, Peterson, & Higgins, 2005）。K-DOCS量表可以测量5个领域，比较适合测量日常创造力（Silvia et al., 2012）。涂翠平 和 樊富珉（2015）修订了K-DOCS量表，使之更适用于中国人。国内学者还开发了适用于大学生的创造力量表，王洪礼 和 刘红（2009）在国内外量表的基础上，结合对中国大学生的访谈，从主观、客观两个角度出发，将大学生的创造力概括为灵活与变通性、标新立异性、批判性、反思性、教师支持、大学课程、同伴影响等七个维度，开发出符合中国文化和中国大学生的特点的创造力量表，得到了广泛的应用。

3.3 创造力的影响因素

用于解释创造力的模型主要有创造力成分模型、创造力互动模型和个体创新行为模型等三种。创造力成分模型由Amabile（1983）提出，他认为创造力会受到内外两部分因素的影响，内部因素包括个体的能力、动机等，外部环境包括文化氛围、领导支持等。创造力互动模型由Woodman（1993）提出，该模型认为创造力是在复杂的过程中形成的，创造力既会受到个体特质、心理因素的影响，还会受到工作任务特征以及社会氛围等多种因素的影响（Woodman, Sawyer, & Griffin, 1993）。个体创新行为理论由Ford（1996）提出，他认为创造力是个体的创新思维与常规思维相互斗争所产生的结果，他认为创造力的重点在"意义建构"（sense-making）（王姣 等，2010）。上述三个模型中应用较广的是Amabile（1983）提出的创造力成分模型。

心理学一般探讨个体内部成分对于创造力的影响，个人内部成分主要由个体背景知识技能、创新核心要素和个体内源性动机组成。背景知识技能（domain-relevant skills）指的是个体在某个特定的领域内所具有的知识以及技能。已有的研究显示，个体的智力与创造力并不存在显著的相关关系（王姣 等，2010），并不是知识水平越高创造力就越高，在我们的现实生活中，确实也存在高学历的个体可能并没有高创造力的个案，但不可否认的是，员工在组织中要想呈现较高的创造力，知识技能是必要的基础和前提。创新核心要素（creativity-relevant process）是指与创造力关系密切的人格、认知风格和发散思维能力等（王姣 等，2010）。从大五人格的研究成果来看，大五人格的开放性正向预测创造性（Feist, 1998; Soldz & Vaillant, 1999），宜人性和神经质负向预测创造力（Feist, 1998; Puryear et al., 2017），尽责性和创造力之间关系的方向取决于研究的领域（Feist, 1998），外向性与发散思维显著正相关（Puryear et al., 2017）。最能够体现个体创造力的是创造性人格（Gough, 1979）。大量的实证研究表明，创造性人格可以正向预测创造力（Feist, 1998; Woodman et al., 1993; 李西营 等，2014; 罗晓路，林崇德，2006; 宋志刚，顾琴轩，2015），高创造性人格的个体一般兴趣比较广泛，更愿意接受多元的观点，这有助于在处理问题时产生出新的解决办法（Barron & Harrington, 1981）。创造性人格还具有主动性、独立判断、开放性、坚持及乐于冒险等人格特质，这些有利于个体提出创造性的方案（Mumford, 2011）。

一些学者按照个体创造力产生的心理过程，从认知、动机、情感维度探讨创造力的影响因素（Zhou & Shalley, 2010）。个体的认知风格可以分为创造性认知风格和适应性认知风格（Kirton, 1976），其中创造性的认知风格与创造力关系更密切，有利于产生创造性思维（张洪家 等，2018）；发散性思维是个体创造力的核心因素，发散性思维表现出的行为代表了创造力（Guilford, 1986）。

创造力还会受到动机的影响（Amabile, 1983; Zhou & Shalley, 2010）。内源性动机（intrinsic motivation）是影响创造力的重要因素（Amabile, 1996; 方雯 等，2014）。内源性动机是指个体因内在需求而做出的行为，而不是因为外部的参与或者得到外部条件才有的一种动机，这种内在需求可以是个体的快乐与满足、理论实践、愿望的实现等，这种内在需求使得个体认为从事这种行为是有价值的（Deci & Ryan, 1985）。内源性动机可以分为状态性和特质性两个类别（王姣 等，2010）。状态性的内源性动机是与当下的具体状态和任务情境有关，是由具体任务激发的内部动机。特质性动机指个体具有较高的内源性动机的特质，这种动机不会因为任务和情景发生巨大的改变（王姣 等，2010）。早期的研究结果表明，外部环境是内源性动机的调节因素（Deci & Ryan, 1985）。随着研究的深入，人们发现内源性动机是外部环境因素对个体创造力造成影响的中介因素（Zhou & George, 2003），对个体有效的外部奖励能够提升个体的内源性动机，进而提升创造力（Eisenberger & Rhoades, 2001）。Amabile（1993）将内在动机归类为自我决定、胜任感、工作参与、好奇心和兴趣等五种要素，学者们发现内源性动机主要与人们的精神需要相关联（Kanfer, 1990），Maslow认为发挥自我潜能、满足自我实现需要是内源性动机的核心内容（陈志霞，吴豪，2008）。Maslow（1971）曾对自我实现者的人格特征开展研究，他总结认为自我实现者有对现实的有效洞察力，以及对自我、他人和自然的接受；大多以问题为中心；具有超然的独立性和自发性；具有对环境和文化的自主性和欣赏性；具有高峰体验和较大的创造力；还具有社会情感或者是人际关系中的宽容性、民主性等特征（Maslow, 1971），自我实现动机高的个体往往具有较高的创造力是他的主要发现（王天力，2015）。

学者们还考察了情感对创造力的影响，情感扩展构建理论（broaden-and build theory）认为积极情感可以提升个体的思维灵活程度，促进创造力的提升，而消极情感限制了个体的认知和思维空间，会抑制创造力（Fredrickson, 2001）。情感信息理论（affect-as-information theory）则认为积极情感使人感到安逸而失去创造力，而消极情感会激发个体斗志，从而提升创造力（Schwarz & Clore, 1981; George & Zhou, 2007）。De Dreu 等（2008）发现积极情感促进灵活性，消极情感促进独创性和流畅性。情感对创造力的作用还可能受到个体特质、动机（George & Zhou, 2007; Baas et al., 2011）影响，以及报酬、组织支持（George & Zhou, 2002; 2007）等影响。情感的变化会对创造力产生影响，To 等（2009）发现兴奋、焦虑等激活状态的情感提升创造力，平静、疲倦等非激活状态情感抑制创造力。学者们的研究表明，情感对创造力的影响没有一致的结论（蒿坡, 龙立荣, 2015），作用的方向要根据具体的个体和任务等情境因素而定。

自我实现

天行健,君子以自强不息
地势坤,君子以厚德载物

第四章 自我实现

4.1 自我实现概念

在前人的研究中,常见自我实现、自我实现者、自我实现需要、自我实现动机等不同的表述,很多时候会产生混淆,因此本研究对自我实现相关概念做出探讨。

首先探讨自我实现概念。自我实现的概念有过程论、境界论、状态论三种不同的观点。过程论认为,自我实现是指个体的才华和各种潜能在合适的社会环境中得以充分发挥,实现个体理想抱负的过程;境界论认为,自我实现是个体天赋、潜能、才华等人性力量的充分实现(Maslow, 1954),是个体身心潜能得到充分发挥的境界(林崇德,2003);状态论认为,自我实现是行为增力作用上相互矛盾对立的业绩经验感与自我实现需要(属于荣誉心理),由意识过程中的"优越责权意识"的作用下得以相互平衡结合,所形成的一种士气状态(林崇德,2003)。

接下来探讨自我实现者。自我实现者有不同的定义,学者们分别从状态和结果两方面进行定义。状态论认为自我实现者是具有自我实现动机的人(林崇德,2003)。结果论认为自我实现者是天赋、潜能、才华等人性力量得到充分实现的个体，这是人之为人的最高境界（Maslow, 1954），自我实现者是具有"完全功能的人（full functioning person）"（Rogers, 1969）。马斯洛后期提出高峰体验，认为自我实现者不仅追求个人利益和价值的需要，还应有超越型需要（王德福，2013），超越型自我实现者能够更多地意识到存在的意义，经常会有统一的意识或者是高原体验，也曾经有高峰体验，还会伴随着启示或者是对宇宙人生的领悟（郭永玉，2002）。而在儒家文化视域下，君子就是自我实现者，君子是人们追求的理想类型（de Bary, 1991；葛枭语，侯玉波，2021；邵朴，2017），是普通人通过修行能够达到的状态（丁晓璐，2013），君子知"天命"存"天理"，能够做到知行合一，使人生圆满（王德福，2013），君子会不断地向上改进自己，成为一个完全为社会的自我实现者（王德福，2013；杨国枢，陆洛，2009）。不论是西方学者的观点还是儒学文化视域下的自我实现观点，从结果论的视角来看，自我实现者是人们所追求的终极结果，现实中很难达到，但人们不停向终极目标迈进，必然具备一定的自我实现者的特征。从状态论的视角来看，有自我实现动机的个体就可以称为自我实现者，人人都可以被称为自我实现者。

接下来探讨自我实现需要。自我实现需要一般被视为自我实现动机，自我实现需要在马斯洛的需求层级理论中有其特定的含义。Maslow（1954）认为所有人都有五种需要，由低到高分别是生存需要、安全需要、爱与归属的需要、尊重需要和自我实现的需要，个体某一个时间引发动机和行为的主导需要只有一种，人们会先追求低层级满足，而后高层级需要才会成为主导。马斯洛认为自我实现需要源自个人潜能的完全发挥，是低层级需要全部满足后所产生的最高的欲望（Maslow, 1954）。由于缺乏实证，需求层级理论一直受到质疑。Alderfer（1969）

认为人们的行为同时会受到多种动机的影响，不会按照顺序依次进行，不同文化所形成的价值观会影响五个层级的重要程度及排序。例如在中国文化影响下，不能局限的认为是最低层级需求满足之后才会转向的最高层级需求（王德福，2013）。即便是最低层级的生理需求没有得到满足，还会出现"廉者不受嗟来之食"、"不为五斗米折腰"等追求高层级需求的经典事例。总结来说，学者们对马斯洛需求层级有所质疑，但争议点在于自我实现需要是否是严格按照先后顺序，在低层级需求全部满足后才会出现，而不是质疑个体是否存在自我实现需要。

最后探讨自我实现动机。Maslow（1954）认为自我实现动机是个体对潜能的最大自我发挥和愿望的最终自我完成（self-fulfillment）的一种倾向性，人性的根本动机就是满足这种倾向性或者愿望。类似观点来自罗杰斯，Rogers（1969）认为自我实现动机是当个体满足了被肯定的需求，且个体的自我概念与其经验较为一致时，产生的自我实现的倾向。王德福（2013）总结了罗杰斯的观点，认为自我实现动机是个体具备自我效能感（相信自己）后产生的发展动机（活出真正的自己）。马斯洛后期提出超越型自我实现动机，超越型的自我实现动机是指超个人意义上的自我实现动机（王德福，2013），拥有超越型自我实现动机的个体能够更多地认识到人生意义，会有高峰体验，以及对于宇宙人生的更多感悟（郭永玉，2002），创造力得到更大的释放。无论是基于个人需要的自我实现动机，还是基于超个人需要的超越型自我实现动机，都是个体追求自我实现的一种倾向性或者愿望。

综上所述，自我实现是个体成为自我实现者所进行的修行的状态和过程，自我实现者是个体通过不断的自我实现过程，所达到的一种终极境界，是个体自我实现的结果。自我实现动机是指个体追求自我实现的倾向性或愿望，需求层级理论中的自我实现需要，也常被人视为自我实现动机。根据以上探讨做出界定，本文所涉及的自我实现变量均为自我实现动机。自我实现动机是个体为追求人生发展的主观愿望或意向。自我实现动机的内容既包括"人之为人"的终极目的之动机，也包括个体在不同阶段所具备的自我发展的动机。

4.2 自我实现动机的内涵

有学者从自我实现的形成机制上探讨其内涵。心理学大辞典（林崇德，2003）对自我实现做出解释，认为自我实现源自于业绩经验感与自我实现动机。业绩经验感是指个体通过人生生活经历、学习、工作与执行群体任务，所获得的成功和失败的知识以及经验。包括自负感、自豪感、成就感，乃至相反的挫折感、气馁感等等。业绩经验感之中包含自我效能感与集体效能感的内容与表现。林崇德（2003）认为自我实现动机属于荣誉心理，按照来源又可分为竞争型自我实现动机、兴趣型自我实现动机与理想型自我实现动机。

更多学者从不同文化影响下的自我实现观探讨自我实现动机的内涵。西方的自我实现动机主要聚焦在个人发展和个人利益（杨国枢，2004）。Maslow（1954）认为自我实现是个体的天赋、才华和潜能的充分实现；Rogers（1969）强调自我实现是做自己想做的事情，活出真正的自己。马斯洛后期提出高峰体验，认为自我实现者不仅追求个人利益和价值的需要，还应有超越型需要（王德福，2013）。从马斯洛和罗杰斯的观点可以看出，西方自我实现观的实质就是认识自己，发挥自己的潜能。在儒家文化视域下，中国人的自我实现观既具备个人属性，还具有社会属性，其社会属性表现出社会性与超越性的双重性（王德福，2013；

杨国枢,陆洛,2009）。超越性的基础来自社会性，超越性使得社会性具备了本体意义，而社会性之本体意义的实现就是超越型的自我实现（王德福，2013）。中国人自我实现的社会性观点得到了实证检验，杨国枢（2004）构建出社会取向的自我实现者心理特征概念架构，编制出两套问卷，对台湾及内地大学生和社会人士进行测量，发现中国人对自我实现的认知不论是社会取向还是个人取向的，都是同大于异，表明中国人自我实现是个人取向与社会取向的有机融合。这样的自我实现观来自中国传统文化的潜移默化。在儒家文化的视域下，自我实现是指个体超越个体需要，追求社会价值，成为完全为社会的君子（方元元，2015;王德福，2013;杨国枢，1993）。

4.3 自我实现动机的测量

学者们大多置于具体任务中测量自我实现动机。动机是个体活动的内在心理力量，它由目标或对象激发以及维持，是个体行为的基础，基于动机可以解释和预测个体的行为。探讨自我实现动机的构成，需要了解自我实现的内涵。但是自我实现的内涵比较丰富，在不同文化影响下，对自我实现的看法还存在一定差异（安乐哲，2006），因此不存在标准的，跨文化的，能够适用于所有人的自我实现动机的指标体系（杨国枢,陆洛,2009）。

经过对文献的梳理，发现前人对于大学生自我实现动机的测量，大多聚焦于大学生创业领域。胡哲（2014）通过探索性因子分析，发现大学生创业动机包括个人特质、家庭影响、社会环境、大学生自我实现四个维度。其中自我实现动机包括想证明自己的能力、想提升自身素质、想发挥自身的专长、想实现自身价值四项指标。从指标构成来看，这些条目不仅仅适用于创业，面向其他任务也具有一定的适用性。高日光 等（2009）运用探索性因子分析，提出创新创业动机的心理结构模型，并通过聚类分析法进行验证，发现创新创业动机中最重要的是自我实现动机。自我实现维度包括想自我挑战、为了锻炼自己的能力、想发挥自己的专长、为了证明自己的能力和才华等四项指标。时培芬，孙健敏（2014）选取1283名大学生进行实证研究，修订了高日光 等（2009）构建的量表，通过探索性因素分析和验证性因素分析，编制出包含自我实现、社会支持、亲朋影响、就业驱动等4个维度共计14个条目构成的问卷。与高日光编制的量表进行对比，自我实现动机维度没有任何变化，其可信度再次得到验证。高日光 等（2009）编制的大学生创业动机量表，包含了大学生当下阶段所具有的自我实现动机，较为全面，因此得到了广泛应用（时培芬，孙健敏，2014）。

理论假设

天行健,
君子以自强不息.
地势坤,
君子以厚德载物

第五章　理论假设

5.1 君子人格与创造力

　　人格类型会对创造力产生影响（Feist, 1998）。如有研究显示，大五人格的开放性维度能正向预测创造力（Soldz & Vailant, 1999），创造性人格也可以正向预测创造力（Feist, 1998; 罗晓路, 林崇德, 2006），君子具备的智仁勇特质也能正向预测员工创造力（朱呈呈 等, 2019），然而君子人格整体与大学生创造力的关系目前尚未有实证研究加以证实。

　　学者们在理论层面对两者关系进行了探讨。总结学者的观点，发现大多数学者认为君子人格对创造力具有预测作用。如有学者认为君子人格是儒学所塑造的理想人格，君子人格形象上展现的知（智）者不惑、仁者不忧、勇者不惧、奋发进取、刚健自强、反思自省的精神，以及君子人格特质中有自强不息、积极进取、通权达变等内容（葛枭语 等, 2021; 李小明, 2020; 杨国枢, 2009），按照先前的研究成果（丁晓璐, 2013; 殷开达, 2014; 朱呈呈 等, 2019），可以推测这些特质与创造力密切相关；此外，君子人格中还包含着"忠恕待人、谦让、温顺、坦荡宽容、关怀意识、律己成人、心胸坦荡、乐天知命、和而不同"等与积极情感相关的内容，君子人格的特质可以促进积极情感的产生（葛枭语,2020),积极情感可以进一步提升创造力(Amabile et al., 2005)。也有研究显示,君子人格与大五人格的开放性成正相关(葛枭语 等,2021),而开放性对于创造力具有预测作用(Kelly, 2006; McCrae, 1987; Soldz & Vailant, 1999),据此可以推测君子人格在一定程度上也能促进创造力。

而从动机层面上来讲,具有君子人格的个体追求高成就感、意义感和价值,具有很强的内源性动机,而内源性动机能提升人们的创造力(Amabile, 1983; 董奇, 1993; 方雯 等, 2014)。此外,具有君子人格的个体也有着较高的自我实现动机(安乐哲, 2006; 丁晓璐, 2013; 葛枭语 等, 2021; 杨国枢, 陆洛, 2009)和高峰体验,而已有的研究显示,高自我实现者通常具有较高的创造力(Maslow, 1962; 陈倩倩 等, 2018; 张登浩, 2013)。综上,我们认为君子人格能正向预测创造力,并提出假设。

H1:君子人格正向预测创造力

5.2 君子人格与自我实现

学者们发现君子人格具备较高的自我实现动机(杨国枢, 陆洛, 2009)。这个观点可以在"需求层级的自我实现""超越型自我实现""儒家自我实现观"中得到推导。

心理学视域下的自我实现最早出现在需求层级理论中,认为自我实现是个体最高层级的需求。人们质疑需求层级是否严格按照次序依次出现,但不否认自我实现是最高的需求。君子人格是实现平和悦乐的行动者(杨国枢, 陆洛, 2009),是个体不断向上改进自己(王德福, 2013),君子人格表现为"智仁勇、恭而有礼、喻义怀德、有所不为、持己无争"（葛枭语，李小明，侯玉波，2021），君子怀德，具有崇高的精神追求，有着修身齐家治国平天下的伟大抱负（丁晓璐，2013），君子要注重内在伦理修养和外在治世修养，达至"内圣外王"（余英时，1989），君子需要具备"志道信念、仁爱情怀、责任意识和担当精神"（陈诗师，邓名瑛，2019），君子"修己以敬""修己以安人""修己以安百姓"，达至"修己安人"的状态（钱念孙，2020），从君子人格特质描述来看，达至君子的过程就是不断地追求自我实现，个体的君子人格的表现程度越高，其自我实现的表现也越高。

马斯洛后期提出了超越型自我实现，认为个体在"以问题为中心，高度的集中，忘我，强烈的感官体验和对所从事事业的热切欣赏"等层面存在差别，依据强弱可以分为高峰型和非高峰型，高峰型属于超越型自我实现（Maslow，1971）。君子"以仁为本、唯义是从、崇文尚礼"（昌盛，2015），君子"自强不息、勇敢、律己成人、坦荡宽容、献身精神、智明而圣、通权达变"（郭广银，1996；黎红雷，2011；王国良，1989），君子"文质彬彬、志不可夺、经世济民、和而不同、自尊自重、关怀意识、持之以恒、遏恶扬善"（杜振吉，1995；黄雨田，汪凤炎，2013；李承贵，1996），这些特质体现出高峰型的特点。因此，君子人格具备超越型自我实现动机。

按照儒家文化来诠释自我实现，自我实现就是渡人回正道，使人知"天命"存"天理"，做到知行合一，使人生圆满，这就是君子人格的自我实现观（王德福，2013）。君子人格的自我实现体现出社会性和超越性的合一（杨国枢，2004），超越性的基础来自社会性，超越性使得社会性具备了本体意义，而社会性之本体意义的实现就是超越型的自我实现（王德福，2013），在社会性的自我实现过程中，已经具备了超越型的意义（安乐哲, 2006; 王德福, 2013），所以君子人格具有较高自我实现动机。

由学者的观点和对"需求层级的自我实现""超越型自我实现""儒家文化的自我实现"进行的推导，认为君子人格正向预测自我实现。这个推论适用于儒家文化影响下的中国人，本文研究的大学生是接受中国传统文化教育最多的群体之一，据此推测在大学生群体中，君子人格正向预测自我实现。

H2：君子人格正向预测自我实现

5.3 自我实现与创造力

理论研究成果表明，自我实现与创造力存在相关关系。马斯洛最早开展了自我实现与创造力关系的研究。马斯洛看来，每个人都会在某一领域或者某一方面具有创造力，这是人与生俱来的一种潜力，是人性的一个基本特点。当个体以自我实现需求为主导需求时，能够释放创造力潜能，产生较大的创造力（Maslow, 1962）。马斯洛需求层级理论受到质疑，但学者质疑的是自我实现需求是否在所有低层级需求都满足后才会产生，而不是质疑个体是否具备自我实现动机。Rogers（1969）持相近看法，个体天然具备自我发展、自我实现的倾向，这种倾向使得人们不断激发心理潜能，不断地释放出创造力。这种"自我实现倾向"和"创造力"是人的本性，当人们以自我实现为目标导向时，就会释放出更多创造力（俞国良, 张伟达, 2019）。马斯洛还发现自我实现者的高峰体验存在差别，高峰体验较弱的个体的自我实现动机则更趋向于成就自己的"适当之责"，高峰体验较强的个体具备更多的超越个人需要的自我实现动机，超越型自我实现者更具创造力（Maslow, 1962）。

实证研究表明，自我实现与创造力存在相关关系。马斯洛对于自我实现与创造力的研究不仅仅是停留在理论层面，他还进行了实证研究。马斯洛将熟人、朋友、历史名人及大学生作为研究的对象，对数据进行记录和归纳，总结出具有自我实现动机个体的15条特征（张登浩，2013），发现自我实现动机具有适应性价值，还涵盖了发展性特征，富有创造力是自我实现者的必然要求（王天力，2015）。学者们的研究进一步证实了马斯洛的观点。陈倩倩等（2018）研究发现个人会有不同的目标导向，即自我发展的信念、自我实现的动机需求，以自我实现目标导向作为激励机制可以影响创造力。学者还围绕成就动机进行研究，认为自我实现需要是成就动机的外在表现形式（丁桂莲，1996），发现追求成功的动机对创造力有显著的预测作用（张文江，罗怡凡，张敏，2022）。

内源性动机理论研究成果也表明自我实现与创造力之间存在关系。内源动机理论是创造力的社会心理学的基础，内源性动机是指个体行动基于行动本身给个体带来成就感、意义感和价值，而非基于外在因素的影响（Amabile, 1983）。自我实现是最高层级的需求，个体在自我实现阶段希望能够获得成就感、意义感和价值，发挥自我潜能、满足自我实现需要是内源性动机的核心内容（陈志霞，吴豪，2008；俞国良，1996）。研究表明，提高个体的内源性动机可以提升创造力（Amabile, 1983；董奇，1993；方雯 等，2014），内源性动机对个体创造力的激励作用甚至比奖励等外部激励因素的作用更为显著有效（王姣 等，2010）。由此可见，具有高内源动机的自我实现者具有高创造力。根据以上探讨，提出本研究的第三个假设。

H3：自我实现正向预测创造力

5.4 自我实现的中介作用

从3.1的探讨可知，君子人格正向预测创造力。从3.2和3.3的探讨可知，君子人格具有较高自我实现动机，高自我实现动机的个体具有较高的创造力，即君子人格正向预测自我实现，自我实现正向预测创造力。据此提出假设4。

H4：自我实现中介了君子人格与创造力的关系。

5.5 研究模型

根据以上假设，提出本文研究的模型。模型包括君子人格、创造力、自我实现三个变量，用来探讨君子人格和创造力之间的预测关系，君子人格对自我实现的预测作用，自我实现对创造力的预测作用，以及自我实现在君子人格对创造力预测中的中介作用，如下图所示。

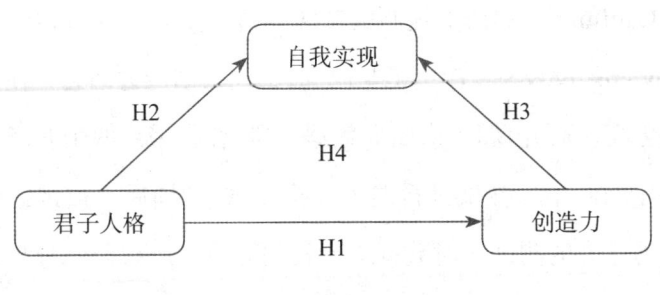

图5.1 研究假设图

5.6 研究设计

设计三个独立的研究,分别对假设H1、假设H2、假设H3和假设H4进行验证。研究设计结构见图3.2所示。

研究1:探索君子人格对大学生创造力的影响。选用李小明(2020)编制的君子人格量表($\alpha=0.840$),以及王洪礼和刘红(2009)开发的创造力量表($\alpha=0.94$),邀请广西某高校的大学生参与问卷星课堂在线调查,对数据进行层次回归分析,探索君子人格对创造力的影响,如果结果表明君子人格正向预测创造力,即H1得到证实,那么继续实施研究2来验证H2、H3、H4。

研究2:验证君子人格正向预测自我实现的假设,验证自我实现对创造力正向预测的假设,验证自我实现在君子人格与创造力之间的中介作用。将自我实现纳入模型,本研究选用高日光等(2009)编制的大学生创业动机量表中的自我实现动机维度($\alpha=0.772$)。扩大样本范围,在全国范围内招募大学生被试,使研究结果更具备重复性。创造力量表采用Kaufman(2012)编制的领域创造力量表中的日常创造力维度(everyday creativity),使用了与研究1不同的创造力问卷,使得研究的可重复性更高。研究1属于横断面数据,研究2将采用两个时间点收集数据。第一轮问卷中,被试进行君子人格测试,2周后,被试继续进行自我实现和创造力的测试。对数据进行相关分析、层次回归分析,并通过PROCESS程序中的model 4再次进行中介效应检验,再次验证君子人格正向预测创造力的假设(H1),验证君子人格正向预测自我实现的假设(H2),验证自我实现正向预测创造力的假设(H3),检验自我实现中介了君子人格与创造力的关系的假设（H4）。

研究3：为了保证实验结果的严谨性，采用不同方法再次对自我实现的中介作用进行验证。采用实验的方法，按照林崇德（2003）和王德福（2013）对自我实现动机产生过程的描述设计实验指导语，启动被试的自我实现，进一步验证君子人格通过自我实现影响创造力的因果关系。被试使用研究1中的测量工具完成君子人格测量后，随机分到了高自我实现组与低自我实现组，高自我实现组收到积极指导语，低自我实现组收到消极指导语，之后分别完成创造力的多用途任务（alternative uses task, AUT）（Guilford, 1967）。对两组数据进行单因素ANOVA分析，验证实验启动的有效性。控制被试的性别与年龄后，对数据进行层次回归分析，证实大学生的君子人格是否通过影响其自我实现提升创造力。

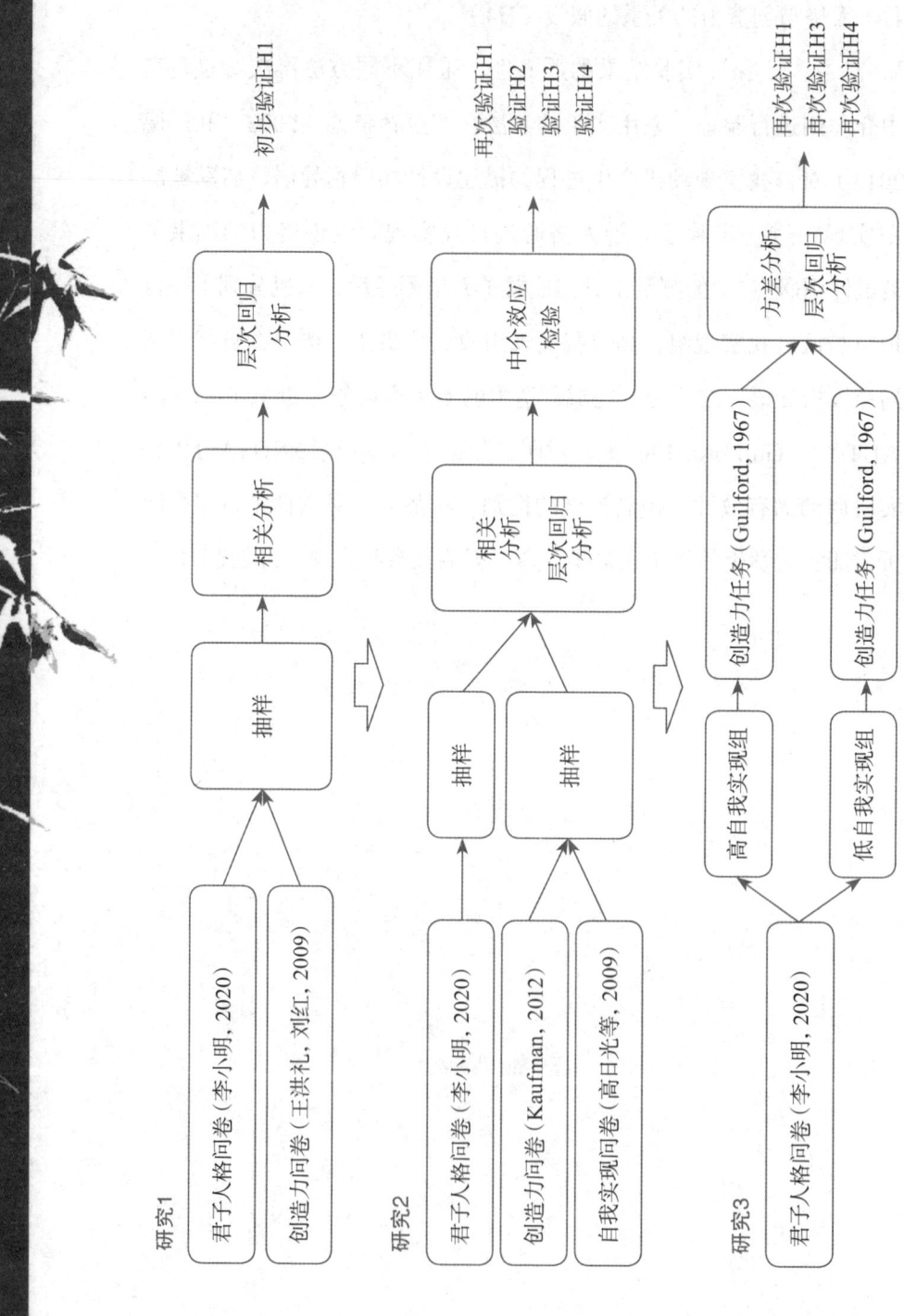

图5.2 研究设计结构图

研究一

天行健，
君子以自強不息
地勢坤，
君子以厚德載物

第六章 研究一

6.1 目的

通过问卷调查和数理分析，验证假设1，探索君子人格与创造力之间的关系。

6.2 方法

6.2.1 被试

在广西某高校中开展研究，使用问卷星在线调查平台进行问卷的发放和收集，在课程群推送问卷调查的链接，实验者告知被试所有的问卷都会做匿名处理，只供研究使用，请他们如实回答所有问题。最终获得731份有效问卷，其中男性357人（48.8%），女性374人（51.2%），大一学生685人，大二学生11人，大三学生35人。

6.2.2 测量

君子人格问卷和创造力问卷均采用了Likert 5点量表进行测量。

君子人格：君子人格的测量采用李小明（2020）编制的量表。该量表分五个维度，30个题项组成，例如"对于生活中的人和事，我能够用智慧去解决，而不会感到迷惑""对于生活中的人和事，我勇于迎接挑战，而不会感到恐惧"。初测题项来源于《论语》，初测设计了80个条目，经探索性因子分析和验证性因子分析，最终形成包含5个维度30个题项的量表（见附录1），即智仁勇（条目1-8，共8项）、恭而有礼（条目9-15，共7项）、喻义怀德（条目16-21，共6项）、有所不为（条目22-27，共6项）、持己无争（条目28-30，共3项）。总量表信度和智仁勇、恭而有礼、喻义怀德、有所不为、持己无争5个分量表的内在一致性信度分别为：0.89；0.88；0.86；0.82；0.78；0.71，整体信度良好。

创造力：创造力的测量在王洪礼 和 刘红（2009）开发的《大学生创造力的心理学测量》基础上进行了适应性的改良，量表包含变通性、新奇性、批判性、反思性四个维度，25个条目，例如"我听课时有时会冒出奇妙的想法，并且兴奋不已""我不喜欢模仿别人，而喜欢做出新的不同寻常的表现"，整体克朗巴哈系数（α系数）为0.94，其中变通性（$\alpha=0.86$，7个题目），新奇性（$\alpha=0.88$，7个题目），批判性（$\alpha=0.85$，6个题目），反思性（$\alpha=0.82$，5个题目）均较高，整体信度良好。

控制变量：被试性别。

6.2.3 程序

首先，实验者在课堂上给被试的手机发送在线问卷星调查的二维码，并要求被试在课堂当场填写完成，他们被告知，所有的问卷都会做匿名处理，只供研究使用，他们应该仔细回答所有问题，如果填写认真，经检验合格后，会给他们的辅修课加1-2分的平常分，另外实验者还会通过在线支付的方式向被试发放1元的被试费。

6.3 结果

相关分析：首先，对两个变量及各维度之间的相关性进行了检验（见表6.1），结果发现，君子人格与创造力总分正相关（$r = 0.648$, $p < 0.01$），与创造力中的变通性（$r = 0.588$, $p < 0.01$）、新奇性（$r = 0.562$, $p < 0.01$）、批判性（$r = 0.421$, $p < 0.01$）、反思性（$r = 0.482$, $p < 0.01$）均呈正相关。另外，君子人格的各个维度，智仁勇（$r = 0.585$, $p < 0.01$）、恭而有礼（$r = 0.384$, $p < 0.01$）、喻义怀德（$r = 0.508$, $p < 0.01$）、有所不为（$r = 0.265$, $p < 0.01$）、持己无争（$r = 0.403$, $p < 0.01$）也均与创造力总分正相关。这就为我们进一步进行回归分析奠定了基础。

回归分析1：在此基础上，我们分别进行了层次回归分析，首先将大学生君子人格作为自变量，分别将创造力总分、变通性维度、新奇性维度、批判性维度、反思性维度作为因变量，进行层次回归分析，结果显示（见表6.2），在控制了被试的性别后，大学生的君子人格可以正向预测他们的变通性（$B = 0.754$, $p < 0.001$），新奇性（$B = 0.724$, $p < 0.001$），批判性（$B = 0.609$, $p < 0.001$），反思性（$B = 0.700$, $p < 0.001$），及创造力总分（$B = 0.700$, $p < 0.001$）。研究结果初步证明了大学生君子人格会对他们的创造力产生积极影响。

回归分析2：再分别将君子人格的五个维度（智仁勇、恭而有礼、喻义怀德、有所不为、持己无争）作为自变量，将创造力总分作为因变量，进行层次回归分析，结果显示（见表6.3），智仁勇（$B = 0.470$,

$p < 0.01$）、恭而有礼（$B = 0.337, p < 0.01$）、喻义怀德（$B = 0.373, p < 0.01$）、有所不为（$B = 0.124, p < 0.01$）、持己无争（$B = 0.279, p < 0.01$）也均可以正向预测创造力总分。研究结果初步显示君子人格各个维度对创造力都有积极影响，但影响的大小并不相同。

回归分析3：为进一步验证君子人格中哪一个维度对创造力产生的影响较大，即考察君子人格中的五个维度对创造力产生的影响进行对比。我们依旧使用层次回归模型，将被试的性别作为控制变量，创造力总分作为因变量，君子人格中的五个维度均作为自变量进行分析。研究结果显示，在控制性别情况下，君子人格中各维度对创造力的影响如下：智仁勇（$\beta = 0.365, p < 0.01$）、恭而有礼（$\beta = 0.075, p = 0.044$）、喻义怀德（$\beta = 0.170, p < 0.01$）、有所不为（$\beta = 0.153, p < 0.01$）、持己无争（$\beta = 0.174, p < 0.01$）。从这些标准化回归系数的结果可知，君子人格中的智仁勇对创造力总分的预测作用最大，喻义怀德、有所不为和持己无争次之，恭而有礼预测作用最小，且刚刚显著。

表6.1 变量的均值、标准差、相关系数

变量	M	SD	1	2	3	4	5	6	7	8	9	10	11
1君子人格	3.4514	0.3954	1										
2智仁勇	3.5742	0.5288	0.791**	1									
3恭而有礼	4.0850	0.5122	0.633**	0.509**	1								
4喻义怀德	3.6767	0.5833	0.784**	0.586**	0.552**	1							
5有所不为	2.2446	0.8343	0.502**	0.142**	−0.148**	0.146**	1						
6持己无争	3.6110	0.6069	0.544**	0.310**	0.318**	0.335**	0.200**	1					
7创新总分	3.4574	0.4331	0.648**	0.585**	0.384**	0.508**	0.265**	0.403**	1				
8变通性	3.4550	0.5086	0.588**	0.537**	0.345**	0.454**	0.240**	0.373**	0.847**	1			
9新奇性	3.5277	0.5183	0.562**	0.522**	0.340**	0.446**	0.214**	0.335**	0.861**	0.688**	1		
10批判性	3.1753	0.5945	0.421**	0.304**	0.116**	0.306**	0.359**	0.237**	0.757**	0.493**	0.524**	1	
11反思性	3.7010	0.5745	0.482**	0.505**	0.446**	0.410**	−0.015	0.341**	0.692**	0.472**	0.477**	0.340**	1

注：$n=731$。* $p<.05$；** $p<.01$，（双尾检验）。

表6.2　君子人格与创造力（$N=731$）

变量	变通性	新奇性	批判性	反思性	创造力总分
性别	−0.013	−0.058	−0.117	0.002*	−0.048
君子人格	0.754***	0.724***	0.609***	0.700***	0.700***
R^2	0.346	0.319	0.187	0.232	0.423
F	192.709	170.557	85.722	110.017	267.274
p	***	***	***	***	***

注：上述结果为非标准化系数，*$p<.05$; **$p<.01$, ***$p<.001$。

表6.3　君子人格各维度与创造力（$N=731$）

变量	创造力总分				
性别	−0.063*	−0.166***	−0.121***	0.032**	−0.103
智仁勇	0.470***				
恭而有礼		0.337***			
喻义怀德			0.373***		
有所不为				0.124***	
持己无争					0.279***
R^2	0.348	0.184	0.278	0.080	0.177
F	194.173	81.949	139.813	31.732	78.138
p	***	***	***	***	***

注：上述结果为非标准化系数，*$p<.05$; **$p<.01$, ***$p<.001$。

6.4 讨论

研究1通过实证研究的方法考察了君子人格与创造力之间的关系，结果支持了君子人格正向预测创造力的假设（H1），即具有较高水平君子人格的大学生，其创造力也较高。此外，君子人格也能正向预测创造力的各个分维度——变通性、新奇性、批判性、反思性，即君子人格水平高的大学生，其思维呈现出更多的变通性、新奇性、批判性、反思性。该结果与之前基于理论成果（Amabile et al., 2005; Soldz & Vailant, 1999; 朱呈呈 等, 2019）做出的推论是一致的。

另外，研究1还考察了君子人格中各维度与创造力的关系。从相关分析结果看，君子人格中的智仁勇、恭而有礼、喻义怀德、有所不为、持己无争五个分维度与创造力总分显著正相关，接下来的层次回归表明这五个维度也均可以正向预测创造力总分，但影响的大小不尽相同，具体表现为：智仁勇对创造力总分的预测作用最大，喻义怀德、有所不为和持己无争次之，恭而有礼预测作用最小，且刚刚显著。这与先前的结果是一致的，即智仁勇作为君子人格中最重要的组成特质，其对创造力的正向预测作用（朱呈呈等, 2019）是显著的，并且君子人格中的喻义怀德、有所不为、持己无争、恭而有礼对创造力的正向预测作用在本研究中首次被证实。

研究二

天行健，君子以自强不息；
地势坤，君子以厚德载物。

第七章 研究二

7.1 目的

研究1仅证明了大学生君子人格对他们创造力的影响，研究2将自我实现纳入模型，进一步探讨自我实现在君子人格与创造力之间的中介作用。另外，研究1的被试均来自广西某高校，研究2将扩大样本范围，在全国范围内招募大学生被试，使研究结果更具备重复性。再者，研究1属于横断面数据，研究2将采用两个时间点收集数据的方式。另外，创造力问卷使用了与研究1不同的问卷，使得研究的可重复性更高。

7.2 方法

7.2.1 被试

在Credamo在线数据收集平台精准招募学生被试300名，2个星期后，向这些被试再次发送第二轮问卷，有效回收241份（男性75人，女性166人；平均年龄$M = 21.51$，$SD = 1.79$）。在正式测量之前，被试签署了知情同意书。

7.2.2 测量

君子人格：采用与研究1相同的测量方式，量表在本研究中的内部一致性系数为0.840。君子人格与自我实现均使用了Likert 7点量表记分（1=非常不符合，7=非常符合）。

自我实现：采用高日光 等（2009）编制的大学生创业动机量表中的自我实现维度，共4个条目"想挑战自我""锻炼提升能力""证明自己的能力和才华""发挥自己的专长"，该量表的内部一致性系数为0.772。

创造力：创造力的量表采用Kaufman（2012）编制的领域创造力量表中的日常创造力维度（everyday creativity），共11个条目。指导语是"与你的年龄和生活经验相似的人比较，如何评价你在以下行为上的创造性？对于你没有过的行为，根据类似任务上的表现评估你的创造潜"，用Likert 7点量表记分（1=创造力非常少，7=创造力非常多），示例条目有"懂得如何让自己快乐""选择最好的解决问题的方法"，该量表的内部一致性系数为0.847。

控制变量：被试性别和年龄。

7.2.3 程序

首先，实验开始前，所有被试签署了知情同意书，实验者告知被试所有的问卷都会做匿名处理，只供研究使用，他们应该仔细回答所有问题。全部实验分两个时点完成，第一轮问卷中，被试完成了君子人格测试，并汇报了相关的人口统计学变量。2周后，被试完成了自我实现和创造力的测试。实验者团队通过网站后台管理系统审核被试的填写内容，经审核合格后，实验者会通过在线支付的方式向被试发放2元的被试费。

7.3 结果

同源偏差检验：尽管采用了两个时间点收集数据的方式，本研究仍然进行了同源偏差检验。Podsakoff和Organ（1986）提出判定标准，使用Harman单因素检验时，如果未经旋转的第一个因素的方差解释率低于40%，则表明同源性偏差不严重。研究结果显示，第一个因素的解释共变量为25.036%，说明同源性偏差问题不严重或在可接受范围内。

相关分析：进一步地，研究进行了相关性分析，结果显示（见表7.1），君子人格与创造力显著正相关（$r = 0.451, p < 0.01$），且君子人格各维度，智仁勇（$r = 0.362, p < 0.01$）、恭而有礼（$r = 0.131, p < 0.05$）、喻义怀德（$r = 0.506, p < 0.01$）、有所不为（$r = 0.155, p < 0.05$）、持己无争（$r = 0.418, p < 0.01$）也均与创造力正相关，这与研究1的结果一致。但研究结果也显示，君子人格中的恭而有礼与自我实现无显著相关（$r = -0.707$, ns.）。另外，君子人格与自我实现显著正相关（$r = 0.334, p < 0.01$），自我实现与创造力显著正相关（$r = 0564, p < 0.01$），这为进一步的中介效应检验提供了基础。

第七章 研究二

表7.1 变量的均值、标准差、相关系数

变量	M	SD	1	2	3	4	5	6	7
1君子人格	4.800	0.467	1						
2智仁勇	4.849	0.556	0.858**	1					
3恭而有礼	4.483	0.415	0.404**	0.232**	1				
4喻义怀德	4.896	0.941	0.883**	0.676**	0.137*	1			
5有所不为	4.721	0.524	0.730**	0.583**	0.210**	0.521**	1		
6持己无争	5.373	0.791	0.734**	0.524**	0.121	0.706**	0.396**	1	
7自我实现	5.588	0.750	0.334**	0.283**	-0.707	0.423**	0.128*	0.348**	1
8创造力	5.038	0.746	0.451**	0.362**	0.131*	0.506**	0.155*	0.418**	0.564**

注：$N = 241$，*表示$p < 0.05$，**表示$p < 0.01$；最后一列为内部一致性系数α。

层次回归分析：层次回归分析结果显示（见表7.2），在控制了被试的性别和年龄后，被试的君子人格可以显著正向预测创造力（B = 0.686, p < 0.001），自我实现可以显著正向预测创造力（B = 0.531, p < 0.001），且将自我实现作为模型的中介变量后，君子人格对创造力的正向影响减弱（B = 0.463, p < 0.001），说明自我实现部分中介了大学生君子人格与创造力之间的关系，假设H4成立。

中介效应检验1：通过PROCESS程序中的model 4再次进行中介效应检验，发现君子人格对创造力的间接效应显著（indirect effect = 0.223, SE = 0.048, CI95% = [0.136, 0.325]），95%置信区间不包含0，再次证明了假设4，模型见图7.1。

表7.2 自我实现的中介作用

变量	创造力				自我实现	
	M1	M2	M3	M4	M5	M6
性别	−0.394***	−0.243**	−0.231***	−0.156	−0.307***	−0.196***
年龄	−0.042	−0.056*	−0.028	−0.039	−0.027	−0.037
君子人格		0.686***		0.463***		0.505***
自我实现			0.531***	0.442***		
R^2	0.068	0.242	0.342	0.413	0.039	0.132
F值	8.699***	25.240***	40.981***	41.533***	4.852***	12.063***

注：N = 241，M为模型，*表示p < 0.05，**表示p < 0.01，***表示p < 0.001。

第七章 研究二

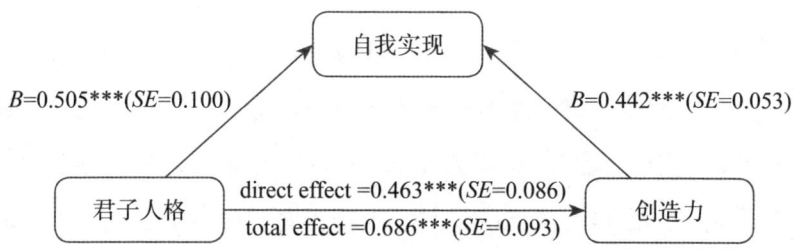

图7.1 中介效应模型图

中介效应检验2：为进一步对自我实现在君子人格与创造力中的中介关系做更细致的分析，我们以君子人格的五个维度分别作为自变量，考察自我实现在君子人格各维度与创造力之间的中介作用。

依旧通过PROCESS程序中的model 4进行中介效应检验，发现智仁勇对创造力的间接效应显著（*indirect effect* = 0.171, *SE* = 0.039, CI95% = [0.100, 0.253]），95%置信区间不包含0；恭而有礼对创造力的间接效应不显著（*indirect effect* = –0.080, *SE* = 0.066, CI95% = [–0.210, 0.465]），95%置信区间包含0；喻义怀德对创造力的间接效应显著（*indirect effect* = 0.132, *SE* = 0.028, *CI*95% = [0.080, 0.189]），95%置信区间不包含0；有所不为对创造力的间接效应不显著（*indirect effect* = 0.091, *SE* = 0.052, *CI*95% = [–0.08, 0.195]），95%置信区间包含0；持己无争对创造力的间接效应显著（*indirect effect* = 0.139, *SE* = 0.035, *CI*95% = [0.080, 0.216]），95%置信区间不包含0。

这些结果表明，尽管自我实现在整体的君子人格与创造力中起中介作用，但其中对中介作用真正发挥影响的是君子人格中的智仁勇、喻义怀德和持己无争这三个维度。

7.4 讨论

研究2将被试扩大到全国范围，并采用与研究一不同的创造力问卷，分两个时间段来进一步考察君子人格与创造力的关系。此外，还将自我实现动机纳入模型，验证了自我实现动机在君子人格对创造力关系的中介作用。结果再一次支持了君子人格正向预测大学生创造力的假设（H1）。研究1的被试来自单一的高校，研究2扩大到全国。创造力的评测较为复杂（徐雪芬，辛涛，2013），研究1和研究2选用不同的创造力问卷避免单一问卷造成的偏差，最终取得了一致的结果，体现了研究结果的可重复性。两次研究结果可以使我们得出结论，君子人格正向预测大学生创造力。该结果与之前基于理论成果（Amabile et al., 2005; Soldz & Vailant, 1999; 朱呈呈 等, 2019）做出的推论是一致的。

此外，研究2的结果支持了君子人格正向预测自我实现动机的假设（H2），即君子人格水平高的个体，其自我实现动机也高，这与先前的理论设想（安乐哲，2006; 丁晓璐，2013; 杨国枢，陆洛，2009）一致。同时，自我实现动机也能正向预测创造力的假设（H3），这同样与先前的理论设想（Amabile, 1983; Rogers, 1969; Maslow, 1962; 陈倩倩等，2018; 董奇，1993; 方雯 等，2014; 俞国良，张伟达，2019; 张文江，罗怡凡，张敏，2022）相一致。

这些结果进一步支持了自我实现动机在君子人格与创造力关系中的中介作用（H4），即君子人格水平高的大学生，其自我实现动机也较高，并表现出更多创造力。该结果与基于先前的理论设想（陈倩倩等，2018; 朱呈呈 等, 2019）一致，而从君子型人格分维度来看，对中介作用真正发挥影响的是君子人格中的智仁勇、喻义怀德和持己无争，这也说明了君子人格中这三个维度对于自我实现和创造力的重要性。

研究三

天行健，君子以自强不息；
地势坤，君子以厚德载物。

第八章 研究三

8.1 目的

研究2发现了自我实现在君子人格与创造力之间的中介关系。尽管研究2采用了分时间点的方式收集数据,但时间点2还是同时测量了自我实现动机与创造力。另外,在自我实现问卷的选择上,偏向了创新创业背景下的个体的表现,这可能会造成一定的局限。因此,研究3将采用启动实验的方法,启动被试的自我实现,再开展创造力多用途任务,进一步验证君子人格通过自我实现影响创造力的因果关系。

8.2 方法

8.2.1 被试

在Credamo在线数据收集平台精招募大学生被试250名,删除没有通过测谎题和填写有明显错误的被试后,有效样本234名(男性85人,女性149人;平均年龄$M = 21.67$,$SD = 3.89$)。在正式测量之前,被试签署了知情同意书。

8.2.2 测量与程序

本研究中所有用到的测量工具，均使用了Likert 7点量表记分（1=非常不符合，7=非常符合）。

首先，所有被试完成了君子人格的测量，测量工具和研究1中使用的相同（内部一致性系数为0.839）。然后，这些被试被随机分到了A组和B组，A组被试拟诱发高自我实现动机，因此命名为高自我实现组，B组诱发低自我实现动机，命名低自我实现组。

A组（高自我实现组）的被试会看到这样一段指导语：

"很高兴地通知您！您刚才填写的人格问卷，其实是我们对您是否具有创造力的一种间接测试，通过前面对您的测试，我们发现您是一位有理想追求，热衷挑战自我，在创造力上特别有专长的人，因为您在我们刚才的测试中排名达到了前15%"。

B组（低自我实现组）的被试会看到这样一段指导语：

"很遗憾地通知您！您刚才填写的人格问卷，其实是我们对您是否具有创造力的一种间接测试，我们发现您不具备很高的创造力，通过前面对您的测试，我们发现您是一位倾向满足现状，在创造力上没有什么专长的人，因为您在我们刚才的测试中排名在后15%"。

接着，使用一段指导语对被试进行自我实现动机诱导：

"我们都知道创造力的任务很难，您是否希望在接下来的创造力测试中充分发挥自己的才能？"。

然后，两个小组的被试开始完成创造力的多用途任务（alternative uses task, AUT）（Guilford, 1967）。选择床单和筷子两种物品开展任务。

多用途任务指导语如下：

请您尽可能多地想出床单/筷子的创造性用途。你的目标是想出具有创造性的想法，这些想法让人觉得是聪明的、不寻常的、有趣的、不常见的、幽默的、新颖的、与众不同的。

你的想法不一定必须是实际的或现实的；只要它们是创造性的用途而不是普通用途，它们甚至可以是愚蠢或奇怪的。

你可以在每个空格中输入任何你喜欢的想法，在2分钟之内，你可以输入任意数目的想法，但创意的质量比数量更重要。有几个真正好的想法比有一大堆没有创意的想法要更好。

最后，被试报告了自己的性别和年龄。在研究中，所有完成实验，并且经检验合格的被试，会收到3元的被试费。

实验完成后，实验者邀请了三位不清楚实验目的的非心理学专业的硕士研究生对被试的AUT测试进行了评分。实验者首先对评分者进行了1个小时的培训，这三位评分者在之后的2周内完成了所有评分任务，他们评分的内部一致性达到了0.6以上。

8.3 结果与讨论

操纵检测：单因素ANOVA检验发现，高自我实现组的被试在自我实现上的得分（$M = 6.07, SD = 1.02$）显著高于低自我实现组的被试的得分（$M = 5.55, SD = 1.40$），$F(1, 232) = 10.64, p = 0.001, = 0.04$。

接着，单因素ANOVA检验还显示，高自我实现组的被试在创造力上的得分（$M = 2.12, SD = 0.15$）显著高于低自我实现组的被试的得分（$M = 2.08, SD = 0.13$），$F(1, 232) = 4.24, p = 0.041, = 0.02$。

最后，控制被试的性别与年龄后，进行层次回归分析（见表8.1），结果显示，君子人格对其造力有显著正向影响（$B = 0.043, p = 0.037$），操纵检测中的自我实现对创造力有显著正向影响（$B = 0.022, p = 0.003$），当操纵检测中的自我实现得分加入到君子人格对创造力的影响模型中后，君子人格对其创造力的效应不显著（$B = 0.030, p = 0.155$），而操纵检测中的自我实现依然可以正向显著预测创造力（$B = 0.020, p = 0.011$）。

表8.1 受操纵的自我实现的中介作用

变量	B	SE	P	B	SE	P	B	SE	P
性别	−0.015	0.019	0.428	−0.005	0.020	0.783	0.000	0.020	0.987
年龄	0.003	0.002	0.266	0.002	0.002	0.446	0.002	0.002	0.359
君子人格				0.043	0.020	0.037	0.030	0.021	0.155
自我实现							0.020	0.008	0.011
R^2		0.009			0.014			0.038	
F值		1.002			2.137			3.289	

单因素ANOVA分析结果表明实验启动是成功的，单因素ANOVA和层次回归分析的数据进一步说明大学生的君子人格是通过影响其自我实现，进而提升创造力的。

该结果与研究2的研究结果一致，君子人格可以正向预测创造力，君子人格越高的个体其创造力也越高，自我实现在君子人格对创造力的预测中起到中介作用。

总讨论

天行健,
君子以自强不息。
地势坤,
君子以厚德载物。

第九章 总讨论

为了探索君子型人格与大学生创造力直接的关系及其作用机制,我们采用了两个研究来进行考察。

研究1通过问卷法验证了君子型人格对大学生创造力的正向预测作用。

研究2采用分时段的问卷收集方法,进一步验证了两者之间的关系,并发现自我实现在君子型人格与大学生创造力之间起到中介的作用。

研究3采用问卷法收集君子人格数据,并采用实验法启动被试的自我实现动机,控制被试的性别与年龄后,进行层次回归分析,结果显示,君子人格能正向预测创造力。

这三个独立的研究在不同的被试中都证实了君子人格对创造力的正向预测作用。虽然,三个研究采用了同一份君子人格问卷(李小明,2020)进行君子人格问卷的测评,但对创造力的测量却使用了三种不同的工具,研究1选用王洪礼和刘红(2009)编制的创造力量表,研究2选用Kaufman(2012)编制的创造力量表,研究3通过创造力的多用途任务(alternative uses task, AUT)(Guilford, 1967)检验创造力,严谨的研究保证了结果的可信程度。

9.1 君子人格与创造力

本研究发现君子人格能正向预测大学生的创造力，这和我们的预期是一致的。已有研究认为，人格特质（George & Zhou, 2007; Baas et al., 2011）、情感（Amabile et al., 2005; Davis, 2009; De Dreu et al., 2008; Fredrickson, 2001; Isen et al., 1985; Isen et al., 1987; Schwarz & Clore, 1981; To, 2009）、动机（Amabile, 1983; 1996; Zhou & Shalley, 2010）会影响创造力。

君子人格与大五人格的开放性成正相关（葛枭语 等, 2021），而开放性对于创造力具有预测作用（Kelly, 2006; McCrae, 1987; Soldz & Vailant, 1999）。君子人格形象上展现的知（智）者不惑、仁者不忧、勇者不惧、奋发进取、刚健自强、反思自省的精神，以及君子人格特质中有自强不息、积极进取、通权达变等内容（葛枭语 等, 2021; 李小明, 2020; 杨国枢, 2009），按照先前的研究成果（丁晓璐, 2013; 殷开达, 2014; 朱呈呈 等, 2019），可以推测这些特质与创造力密切相关。

就积极情感而言，君子人格中还包含着"忠恕待人、谦让、温顺、坦荡宽容、关怀意识、律己成人、心胸坦荡、乐天知命、和而不同"等与积极情感相关的内容，君子人格的特质可以促进积极情感的产生（葛枭语, 2020），进一步提升创造力（Amabile et al., 2005）。

而从动机层面上来讲，具有君子人格的个体追求高成就感、意义感和价值，具有很强的内源性动机，而这种动机能提升人们的创造力（Amabile, 1996; 董奇, 1993; 方雯 等, 2014）。

此外，具有君子人格的个体也有着较高的自我实现动机（丁晓璐,

2013；葛枭语 等，2021；杨国枢，陆洛，2009）和高峰体验，高峰型自我实现者通常具有较高的创造力（Maslow, 1962；陈倩倩 等，2018；张登浩，2013）。自我实现需要是成就动机的外在表现形式（丁桂莲，1996），追求成功的动机对创造力有显著的预测作用（张文江，罗怡凡，张敏，2022）。这些都能较好地解释君子人格对创造力的正向预测作用。

而从分维度来看，君子人格中的智仁勇对创造力总分的预测作用最大，喻义怀德、有所不为、持己无争、恭而有礼预测次之。

智仁勇是孔子提出的三达德，"知（智）者不惑"，这说明具备知识和智慧是发挥创造力的基础，这与学者们认为背景知识技能是创造力的必要前提（王姣 等，2010）的研究相一致。"仁者不忧"，仁是君子亲社会的特质，仁者爱人要求君子将亲社会的自我实现观作为人生追求，之中蕴含着超越性的自我实现动机，超越型自我实现能够更大程度释放创造力（Maslow, 1962；俞国良，张伟达，2019），做到无忧就要求具备更多积极情感，积极情感也能够促进创造力（Amabile et al., 2005）。"勇者不惧"，勇在君子人格中是指"智勇"（梁国典，2008），而不是"匹夫之勇"，智勇描述的是敢于利用知识解决困难的状态，智勇对于创造力的作用不言而喻。从以上分析可见，君子人格中的"智仁勇"维度对于创造力的预测作用也应该最大，该结果与前人研究智仁勇与员工创造力所取得的结果一致，先前研究表明智仁勇可以正向预测创造力（朱呈呈 等，2019），本研究进一步证实智仁勇也能够正向预测大学生的创造力。

喻义怀德要求个体要明大义，要怀大德，不会为金钱而丧失自我，不忧虑、不迷惑、不恐惧，勇于接受挑战，这些超越型的自我实现动机和积极情感能够有效释放创造力（Amabile et al., 2005；俞国良，张伟达，

2019）。有所不为要求个体遵守基本的道德规范，但又不盲从，知道哪些能做，那些不能做，有所不为才能有所作为，有所不为本身就要求个体具备批判性思维，而批判性思维对创造力起到正向影响（朱呈呈 等，2019）。

持己无争表示坚守正确的观点，牢记自己的使命，不畏困难去完成，从含义来看，持己无争与积极情感、内源性动机都存在一定的联系，而积极情感和内源性动机都能够正向预测创造力（Amabile, 2005; Zhou & George, 2003）。喻义怀德、有所不为、持己无争对于创造力的促进作用为中等水平，低于智仁勇对创造力的预测作用。恭而有礼维度对创造力的预测作用最小，刚刚显著，这表示恭而有礼之中有些条目可能对创造力没有正向预测作用，导致恭而有礼维度的预测作用较小。恭而有礼表示君子待人接物有礼貌，这种积极情感的特质对创造力有一定的促进作用，但过于保守的个体会表现出为了呈现礼貌而迎合他人（杜维明，2006），这对于创造力的预测可能是负向的。因此，恭而有礼维度整体对创造力的预测作用相对会弱。

本研究表明君子人格可以正向预测大学生创造力，这验证了大多数学者的推测。一些学者依据西方的创造性人格与君子人格的差异，曾提出过对君子人格能否正向预测创造力的质疑。

首先，他们认为创造性人格可以预测创造力（Feist, 1998），但创造性人格具有独立判断、开放性、坚持及乐于冒险等人格特质，与君子人格的保守、缺乏个性、习惯于依归传统并且因循既定的思维模式和行为模式（杜维明，2006）存在一定差异，故而推测君子人格不能正向预测创造力。这样的推测值得商榷，君子是理想化的人物，因此世上不存在完全标准的君子，人们会将接近君子的儒家标杆人物视作君子，这有可能会造成"幸存者偏差",这些人身上的缺点会被视作君子人格的缺点,有可能会产生君子人格保守、缺乏个性、习惯于依归传统并且因循既定的思维模式和行为模式的印象(牟钟鉴,2019)。研究结果显示,君子人格的恭而有礼维度对创造力存在正向影响,但刚刚显著,这也表明君子人格整体对创造力具有正向预测作用,但过于依附传统和缺乏个性有可能会对创造力产生负面影响。

其次,一些学者经过个案研究,归纳出高创造力个体存在怀疑传统、非遵从性或反抗性、敌意性、人际关系疏远、不友好、待人接物坦白直率、孤独感较强等特征(Eysenck, 1993; 郝卯亮, 2002; 刘帮惠 等, 1994),有部分学者认为上述特征与与儒家所描述的君子的特征不同,进而质疑君子人格的创造力。该质疑同样值得商榷,也可能是犯了"幸存者偏差"的错误,用个案的特征来代表全部是经不起推敲的,况且已经有学者证实大学生创造力普遍受到积极心理的影响(罗晓路,林崇德, 2006),没有实证研究证实上述消极特征促进创造力的现象是一个存在于广大个体上的普遍现象。

由以上两方面的讨论,可知这些学者的质疑存在问题,本研究的实证成果进一步表明这些质疑是不成立的。

9.2 自我实现的中介作用

本研究表明君子人格能增强大学生的自我实现动机并进而促进其创造力,即自我实现动机在君子人格与大学生创造力之间起到中介的作用。

动机(Amabile, 1996; Zhou & Shalley, 2010)会影响个体的创造力,

君子人格具有较高的自我实现动机。

　　按照儒家文化来诠释自我实现，自我实现就是渡人回正道，使人知"天命"存"天理"，做到知行合一，使人生圆满（王德福，2013）。君子人格是实现平和悦乐的行动者（杨国枢 等，2009），是个体不断向上改进自己（王德福，2013），君子怀德，具有崇高的精神追求，有着修身齐家治国平天下的伟大抱负（丁晓璐，2013），君子需要内在伦理修养和外在治世修养双修，达至"内圣外王"（余英时，1989），君子需要具备"志道信念、仁爱情怀、责任意识和担当精神"（陈诗师，邓名瑛，2019），君子"修己以敬""修己以安人""修己以安百姓"，达至"修己安人"的状态（钱念孙，2020）。由此可见，君子人格具备较高的超越型自我实现动机，达至君子的过程就是不断地追求自我实现，个体的君子人格的表现程度越高，其自我实现的表现也越高。

　　而自我实现动机越高，越能够释放创造力。当个体以自我实现需求为主导需求时，促使个体不断激发心理潜能，不断地释放出创造力（Maslow, 1962; Rogers, 1969; 俞国良，张伟达，2019）。如果个体具备更多的超越个人需要的自我实现动机，则更具创造力（Maslow, 1962）。个体以自我实现目标导向（陈倩倩等，2018）或追求成功的动机（张文江，罗怡凡，张敏，2022）时，对创造力有显著的预测作用。获得成就感、意义感和价值，发挥自我潜能、满足自我实现需要是内源性动机的核心内容（陈志霞，吴豪，2008; 俞国良，1996），君子人格的个体具备高内源性动机，提高个体的内源性动机可以提升创造力（Amabile, 1983; 董奇，1993; 方雯 等，2014）。由此可见，君子人格具备较高的超越型自我实现动机，这种内源动机能够避免追求"小我"对个人潜能的限制，不断释放心理潜能，促进创造力。

而从分维度来看，虽然自我实现在整体的君子人格与创造力中起中介作用，但其中对中介作用真正发挥影响的是君子人格中的智仁勇、喻义怀德和持己无争这三个维度，有所不为、恭而有礼对自我实现的影响并不显著。

智仁勇维度中的仁的含义是仁者爱人，表示君子具有亲社会的自我实现动机，以及为实现仁者爱人的智慧和勇气，可见智仁勇确实可以通过自我实现预测创造力。先前的研究表明，智仁勇通过批判性思维和自我效能感影响创造力（朱呈呈 等，2019），本研究进一步解释了自我实现的中介作用。

喻义怀德表示君子明大义，怀大德，不会为了金钱迷失，这其中蕴含了超越型的自我实现动机，能释放创造力也是必然结果。

持己无争的无争只是表象，无争源于持己，是因为坚定自己的理想道路，且能担负起更大的责任，所以不需要争论，只需要勇敢的前行，持己无争是对自我实现动机的坚守和践行，与自我实现存在关联也在情理之中，从而也能够正向预测创造力。

有所不为的核心是以"有所为"为目的的"有所不为"，因为蕴含了有所不为的条目，这可能对个体描述自我实现动机时产生影响，从而导致不能通过自我实现来预测创造力。

恭而有礼表示君子有时可能会为了迎合他人迷失自我主张，虽然这不是君子应有的状态，但对于向着君子修行的普通人而言，也是情理之中，所以恭而有礼无法通过自我实现来预测创造力。

9.3 理论贡献

先前的学者对人格与创造力的关系进行了广泛研究，形成了丰富的成果，例如创造性人格可以预测创造力，大五人格的部分维度可以正向预测创造力（Feist, 1998; Puryear, Kettler, & Rinn, 2017）。但是，却鲜有针对君子人格与创造力的实证研究，尤其是以大学生群体为研究对象的研究。从前文的讨论中可知，君子人格是符合中国文化的一种理想的人格，是中国人做人的模板，是对大学生开展教育的方向，因此在大学生群体中验证君子人格对创造力的作用具有非常重要的意义。

为了更好地了解君子人格预测创造力的作用机制，本研究探讨了可能的中介变量。按照学者的研究成果，人格特质（George & Zhou, 2007; Baas et al., 2011）、情感（Amabile et al., 2005; Davis, 2009; De Dreu et al., 2008; Fredrickson, 2001; Isen et al., 1985; Isen et al., 1987; Schwarz & Clore, 1981; To, 2009）、动机（Amabile, 1996; Maslow, 1971; Zhou & Shalley, 2010）对创造力产生影响，虽然在理论推导中发现自我实现动机是最有可能的中介变量，但并没有学者进行证实。本研究首次证实了自我实现动机在君子人格和创造力之间的中介作用，揭示了君子人格对大学生创造力的作用机制，作出了理论贡献。

君子人格可以预测大学生的创造力，但不是所有的维度能有同样大的影响。先前学者只是提出过一些质疑，认为不可能君子人格所有特质都能正向预测创造力。本研究对各维度对创造力的预测作用继续探讨，发现君子人格中的智仁勇对创造力总分的预测作用做大，喻义怀德、有所不为和持己无争次之，恭而有礼预测作用最小，且刚刚显著。将自我实现纳入模型，尽管自我实现在整体的君子人格与创造力中起中介作用，但其中对中介作用真正发挥影响的是君子人格中的智仁勇、喻义怀德和持己无争这三个维度。这些结果为以后进一步细致探讨君子人格各个维度对大学生创造力的影响提供了借鉴和理论依据。

9.4 实践意义

意义一

本研究成果揭示了思政教育与创造力教育通过社会实践方式融合实施的新路径，对于高校开展创新创业教育具有实践意义。

研究成果表明了君子人格与创造力一体化培养具有合理性和可行性，通过思政教育培养学生的优秀品格，树立为社会而奋斗的自我实现观念，主动开展社会实践，在社会实践中增强家国情怀，在社会实践中锤炼高尚品格，在社会实践中释放个体潜能，产生创造力。

创造力是普遍存在的，万众创新可以实现，但需要合理引导（王天力，2015）。西方的创造性人格是从个体本性的潜能释放的角度进行探讨的（Maslow, 1954; Guilford, 1967），适合西方文化影响下的个体（王德福，2013）。君子人格与大五人格和大七人格（王登峰，崔红，2003）是不同的概念，君子人格模型的意义在于它提供了一个终极的理想人格模板，指引着人们朝着"君子"不断前行。

中西方文化存在着差异，亲社会的儒家文化使得我们不能够完全从个性释放的角度来培养大学生创造力，而应通过社会实践，让大学生了解国情民情，培养其亲社会性，树立家国情怀和为社会发展而奋斗的自我实现动机，通过社会性的自我实现动机释放潜能，提升创造力。

第九章 总讨论

意义二

本研究的成果提示在创新创业的时代背景下弘扬优秀传统文化的必要性。

教育部《高等学校课程思政建设指导纲要》要求高校要引导学生传承中华文脉，富有中国心、饱含中国情、充满中国味。教育引导学生深刻理解中华优秀传统文化中讲仁爱、重民本、守诚信、崇正义、尚和合、求大同的思想精华和时代价值。

余秋雨（2004）以及众多学者认为君子人格是传统文化的"根"和"魂"，中国优秀传统文化在个体上呈现的"理想人格"就是君子人格，弘扬中华文化离不开对君子人格的培养。

但无论在学界还是社会层面，有相当一部分人都对君子人格是否具备创造力持怀疑态度，甚至是负面态度，他们认为弘扬儒家君子人格等中华传统文化，可能会对创新造成负面影响。

本研究证实了君子人格对创造力的预测，表示在中国传统文化的亲社会性的影响下，君子人格会具备更高的、更适应中国社会的亲社会的自我实现动机，这种自我实现动机引发了更大的创造力。

因此，我们在大学教育中应使学生对文化自信，发扬中华传统美德，将自己个人发展与社会发展联系在一起，实现更大的发展，创造出更大的成绩。

意义三

本研究揭示了正确的自我实现观念对君子人格和创造力培养的关键作用。

君子人格通过自我实现动机来促进创造力的，因此在教育实践中，应注重培养学生的自我实现观，产生正确的自我实现动机。

就当下的创新创业教育而言，其目的是培养具有"创新精神、创业意识、创新创业能力"，能够创新性解决问题，为社会创造价值，实现人生发展的创新型人才，而不是培养一个只注重经济利益的商人，这与儒家文化下亲社会的自我实现观是一致的。

所以在实施创造力培养的时候，除了要注重专业知识培养、学生人格的培育，还要导引学生树立亲社会的自我实现观，进而更大程度的发挥创造力。

第九章 总讨论

意义四

　　研究成果还揭示了培养大学生君子人格和创造力的重点注意事项。

　　本研究发现了君子人格的各个维度对创造力预测作用大小不一，智仁勇对创造力总分的预测作用最大，喻义怀德、有所不为和持己无争次之，恭而有礼预测作用最小。

　　对于教育而言，首先要让学生学好知识，提升个体的素质，做到"知（智）者不惑"，具备发挥创造力的基础。

　　然后树立正确的自我实现动机，以仁者爱人这种亲社会的自我实现作为人生追求，做到"仁者无忧"，不仅能够产生积极情感，有益学生身心健康有益，还能促进创造力。

　　鼓励学生勇于尝试，但要建立在正确认知和科学分析的基础上，要发挥大学生的优势，实现"智勇"，也就是教育部对与创新创业教育所要求的培养"敢闯会创"的大学生，这些对于大学生创造力的培养有着重要启示。

　　喻义怀德表明学生无论何时都要明大义，要怀大德，创新创业教育不是教学生开公司做生意的教育，是培养学生的创新精神、创业意识和创新创业能力的教育，需要学生在为社会解决问题的过程中实现人生价值，这也是要对大学生培养的君子特质。

　　有所不为要求我们在培养大学生的时候，引导学生遵守社会最基本的伦理道德，知道哪些不能做，有所不为才能有所作为。

持己无争启示我们要培养学生对与理想信念的坚持，无论何时都知道自己的目标，不要迟疑，坚定不移地向着目标迈进。

喻义怀德、有所不为和持己无争维度对于创造力的促进作用为中等水平，在培养大学生时也不容忽视。恭而有礼维度的预测作用最小，刚刚显著。对于学生培养而言，必要的人际交往时的规范必须要遵守，只有这样才能创造融洽的社会关系，进而产生积极的情感，但过于强调表面的"礼"，而去刻意迎合对方，丧失了批判性的思维，反倒会对创造力造成负面影响，所以要教育学生守礼，但又不可以为迎合他人而丧失自我。

9.5 局限与展望

创造力的维度和测量一直是创造力研究的难点和热点（贡喆等，2016；罗玲玲，2006；徐雪芬，辛涛，2013），学者们提出了多种创造力测量的方法，为了保证研究结果的可信度，本研究分为两个子研究来验证君子人格与创造力的关系。两个研究均选用同一份君子人格问卷（李小明，2020）进行君子人格的测评，但使用了不同的创造力问卷。研究1选用王洪礼和刘红（2009）编制的针对大学生的创造力问卷，研究2选用Kaufman（2012）编制的创造力量表。两个研究均表明大学生的君子人格正向预测他们的创造力。由于创造力测量复杂，需要根据被试实际情况和结合具体的领域开展测评，本研究的问卷虽然经过甄选，做到了最大程度的适用，但仍然存在一定的局限。

由于是面向大学生开展的研究，如何测量大学生自我实现动机成为关键。先前的研究显示，学者们大多是聚焦到某一个任务上探讨自我实现动机。在万众创新，大众创业的时代背景下，创新创业成为大学生的自我实现动机之一。搜索学者编制的创业动机问卷，发现问卷中包括自我实现动机维度（高日光 等，2009），该维度为面向未来实现人生价值的描述。如：想自我挑战、为了锻炼自己的能力、想发挥自己的专长、为了证明自己的能力和才华。这些条目虽然出现在创业动机量表中，但反映出的却是大学生追求人生价值的倾向，而不仅仅局限在创立企业。有鉴于此，本研究选择了高日光 等（2009）编制的创业动机量表的自我实现维度。虽然问卷条目是适用的，并且也能满足研究的需要，但可能还是造成了一定局限。

亲社会性是指个体的存在是以有益于他人为意图的行为的倾向（Carlo & Randall, 2002）。亲社会性与人格表现存在一定的关系（魏欣，陈旭，2010），君子人格被学者普遍认为是亲社会的（李小明，2020）。Grant 和 Berry（2011）认为亲社会性是能够有效增强创新的有用性，还认为亲社会的个体通过换位思考进一步强化内在动机与创造力的关系。西方人格理论与中国理想人格特质（君子人格）是基于不同的人性假设和不同的文化背景（王登峰, 崔红，2008a），其最大的差别在于亲社会性。西方人格理论对个体过度关注，导致学者们从创造性个体与一般群体的差异来探讨创造力，形成了创造性人格特质理论。而君子人格的亲社会性，使得研究中国人的创造力需要考虑中国文化背景对个体的影响。对亲社会性的作用开展研究，验证亲社会性在君子人格对创造力预测关系中的作用，成为论文后续研究的方向。

除了上文所述的积极情感、内源性动机之外，自我效能感也是可能的中介变量。Bandura（1977）提出自我效能感（Self-efficacy）

概念，先前的研究表明，君子人格具有较高的自我效能感（朱呈呈等，2019），高自我效能感的个体表现出高创造力（Choi, 2004; Gong, Huang, & Farh, 2009; Tierney & Farmer, 2002; 贾绪计，林崇德，李艳玲，2016; 杨付，张丽华，2012; 张景焕 等，2011; 周浩，龙立荣，2011）。从学者的研究成果来看，自我效能感是可能的中介变量。但是自我效能感会随着具体任务和情境的变化而变化，针对特定领域、特定任务、特定问题的自我效能感对于行为或行为绩效最具有预测性（Bandura, 1977）。对于具体的创新任务，自我效能感对创造力有预测性，但对于个体长期的创造力，尤其是处于教育培养阶段的大学生而言，自我效能感的适用性可能会存在问题。而自我实现动机是个体长期的目标追求，更适用于对长期的创造力的预测，所以本次研究探讨了自我实现的中介作用，未来会探索包括自我效能感在内的更多的中介变量。

9.6 结论

本研究基于理论探讨，构建了君子人格、创造力、自我实现动机模型，提出变量之间的四个假设，在大学生群体中，通过三个子研究验证了假设模型，得出如下结论。

■ 君子人格正向预测大学生创造力

其中，君子人格中的智仁勇维度对创造力的预测作用最大，喻义怀德、有所不为和持己无争等维度次之，恭而有礼预测作用虽然显著，但最小。

第九章 总讨论

■ 自我实现动机在君子人格对大学生创造力的预测中起到中介作用

君子人格程度越高的大学生往往也具备较高的自我实现动机，从而提高其创造力。从分维度来看，主要是君子人格中的智仁勇、喻义怀德和持己无争这三个维度在通过自我实现动机预测大学生创造力中起到重要的作用。

参考文献

天行健，
君子以自强不息。
地势坤，
君子以厚德载物。

参考文献

[1] 安乐哲.（2006）.自我的圆成:中西互镜下的古典学与道家.彭国祥,编译.石家庄:河北人民出版社.

[2] 昌盛.（2015）.从《论语》的君子观看原始儒家的情怀.宁夏社会科学,（3），186-189.

[3] 陈来.（2017）.孔子·孟子·荀子:先秦儒学讲稿.北京:生活·读书·新知三联书店.

[4] 陈倩倩,樊耘,李春晓.（2018）.组织支持感对员工创新行为的影响研究——目标导向与权力动机的作用.华东经济管塑,32(2)，43-50.

[5] 陈诗师,邓名瑛.（2019）.论君子人格的精神特质.伦理学研究,18(6)，28-35.

[6] 陈志霞,吴豪.（2008）.内在动机及其前因变量.心理科学进展,18(1).98-105.

[7] 丁桂莲.（1996）.当前国内外成就动机研究述论.前沿,（12），6.

[8] 丁晓璐.（2013）.先秦儒家君子人格研究（硕士学位论文,杭州师范大学）.

[9] 董奇.（1993）.儿童创造力发展心理.浙江教育出版社.

[10] 杜维明.（2006）.儒家传统与文明对话.石家庄:河北人民出版社.

[11] 杜振吉.（1995）.先秦儒家理想人格模式述论.贵州社会科学,（6），5.

[12] 方雯. 王林雪, 冯耕中, 秦娟, 张燕花. (2014). 内在动机管理者情绪智力与员工创造力关系研究——基于3类所有制企业R&D背景的实证. 科技进步与对策, 31(7), 7.

[13] 方元元. (2015). 论马斯洛与《大学》中"自我实现"之异同. 郑州航空工业管理学院学报(社会科学版), 34(6), 69-72.

[14] 高日光, 孙健敏, 周备. (2009). 中国大学生创业动机的模型建构与测量研究. 中国人口科学, (1), 68-75+112.

[15] 葛枭语. (2020). 君子之乐: 君子人格与主观幸福感——敬畏的中介作用(硕士学位论文, 北京大学).

[16] 葛枭语, 侯玉波. (2021). 君子不忧不惧: 君子人格与心理健康——自我控制与真实性的链式中介, 心理学报, 53(4), 374-386.

[17] 葛枭语, 李小明, 侯玉波. (2021). 孔子思想中的君子人格: 心理学测量的探索. 心理学报, 53(12), 1321-1334.

[18] 贡喆, 刘昌, 沈汪兵. (2016). 有关创造力测量的一些思考. 心理科学进展, 24(1), 31-45.

[19] 郭广银. (1996). 论儒家理想人格及其现代价值. 江海学刊, (4), 91-95.

[20] 郭永玉. (2002). 马斯洛晚年的超越性人格理论的形成与影响. 华东师范大学学报(教育科学版), 20(2), 53-58.

[21] 郭永玉. (2005). 关于"人格"的界说及有关概念的辨析. 常州工学院学报(社科版), 23(2), 41-45.

[22] 郝卯亮. (2002). 试论创新的人格障碍及其对策. 山西农业大学学报(社会科学版), 1(1), 39-41+45.

[23] 蒿坡, 龙立荣. (2015). 员工情感与创造力: 一个动态研究模型. 管理

评论, 27(05), 157-168.

[24] 胡继明, 黄希庭. (2009). 君子——孔子的理想人格. 西南大学学报（社会科学版）, 35(4), 7-11.

[25] 胡哲. (2014). 大学生创业动机的影响因素. 经营与管理, (5). 147-150.

[26] 黄希庭. (2017). 人格研究中国化之我见. 心理科学, 40(6), 1518-1523.

[27] 黄希庭, 范蔚. (2001). 人格研究中国化之思考. 西南师范大学学报（人文社会科学版）, 27(6), 45-50.

[28] 黄雨田, 汪凤炎. (2013). 《周易》论君子的人格素养及其形成途径. 心理学探新, 33(2), 6.

[29] 贾绪计, 林崇德, 李艳玲. (2016). 独立自我建构、创造性人格、创意自我效能感与创造力的关系。北京师范大学学报(社会科学版), 61(1), 60-67.

[30] 景怀斌. (2006). 儒家式应对思想及其对心理健康的影响. 心理学报, 38(1), 126-134.

[31] 李建伟, 李飞, 胡凌燕. (2009). 中国大学生理想中的"君子"人格结构探研——基于4982名大学生的调查研究. 通化师范学院学报, 30(3), 81-83.

[32] 黎红雷. (2011). 孔子"君子学"发微. 中山大学学报: 社会科学版, 51(1), 132-137.

[33] 黎宇东. (2011). 论马斯洛自我实现理论及其管理学意义（硕士学位论文, 华中师范大学）.

[34] 李承贵. (1996). 孔子君子人格内涵及其现代价值. 江西社会科学,

(3).5.

[35] 李昊.（2020）.中国人批判性思维的结构及其对创造力的影响（博士学位论文,北京大学）.

[36] 李小明.（2020）.君子人格的结构及影响（博士学位论文,北京大学）.

[37] 李西营,刘小先,申继亮,（2014）青少年创造性人格和创造性的关系：来自中美比较的证据.心理学探新,34（2）,186-192.

[38] 梁国典.（2008）.孔子的"君子"人格论.齐鲁学刊,206（5）,5-11.

[39] 林崇德.（1999）.培养和造就高素质的创造性人才.北京师范大学学报（社会科学版）,（1）,5-13.

[40] 林崇德.（2003）.心理学大辞典.上海：上海教育出版社.

[41] 林崇德.（2021）.创造力到底是什么?父母必读,（10）,76-78.

[42] 刘帮惠,张庆林,谢光辉.（1994）.创造型大学生人格特征的研究.西南师范大学学报（自然科学版）,38（5）,553-557.

[43] 鲁石.（2008）.君子人格与小人人格之研究硕士学位论文,南京师范大学）.

[44] 罗玲玲.（2006）.创造力测评存在的争议及研究转向的方法论意义.科学技术与辩证法,23（1）,37-41+92+109-110.

[45] 罗晓路.（2006）.大学生创造力特点的研究.心理科学,29（1）,168-172.

[46] 罗晓路,林崇德.（2006）.大学生心理健康、创造性人格与创造力关系的模型建构.心理科学29（5）,1031-1034.

[47] 孟燕,李朝旭,姜斌.（2008）.君子特征的内隐结构研究.心理研究1（05）,36-41.

[48] 牟钟鉴.（2019）.君子人格六讲.北京：中华书局.

[49] 彭聃龄. (2004). 普通心理学. 北京: 北京师范大学出版社.

[50] 钱念孙. (2020). 从中国传统树人体系看君子人格的普遍价值. 学术界, (12), 5-14.

[51] 邵朴. (2017). 《论语》君子人格思想研究 (硕士学位论文, 河北大学).

[52] 时培芬, 孙健敏. (2014). 大学生创业动机量表的修订. 心理技术与应用, (3), 20-23.

[53] 宋志刚, 顾琴轩. (2015). 创造性人格与员工创造力: 一个被调节的中介模型研究. 心理科学, 38(3), 700-707.

[54] 涂翠平, 樊富珉. (2015). Kaufman领域创造力量表中文版的验证及初步应用. 心理与行为研究, 13(6), 811-816.

[55] 涂可国. (2020). 儒家君子理想人格的八大社会气象解读. 学术界, (12), 15-24.

[56] 王战旗, 张兴利. (2020). 创造力成就问卷的中文修订. 心理与行为研究, 18(3), 390-397.

[57] 王德福. (2013). 做人之道: 熟人社会中的自我实现. (博士学位论文, 华中科技大学).

[58] 王登峰, 崔红 (2003). 中国人人格量表 (QZPS) 的编制过程与初步结果. 心理学报, 35(1), 127-136.

[59] 王登峰, 崔红. (2008a). 中西方人格结构差异的理论与实证分析——以中国人人格量表 (QZPS) 和西方五因素人格量表 (NEOPI-R) 为例. 心理学报, 40(3), 327-338.

[60] 王登峰, 崔红. (2008b). 心理社会行为的中西方差异: "性善—性恶文化"假设. 西南大学学报 (社会科学版), 34(1), 1-7.

[61] 汪凤炎, 郑红. (2008). 孔子界定"君子人格"与"小人人格"的十三条标准. 道德与文明, 27(4), 46-51.

[62] 王根顺, 高鸽. (2008). 近60年来的创造力研究回顾. 高等理科教育, (5), 5.

[63] 王国良. (1989). 论君子——孔孟荀理想人格剖析. 孔子研究, (4), 49-56.

[64] 王洪礼, 刘红. (2009). 大学生创新精神的心理测量学研究: 心理科学, 32(3), 679-681.

[65] 王姣, 彭玲娇, 姚翔. (2010). 创造力成分理论及其应用研究. 职业, 17(8), 105-106.

[66] 王天力. (2015). 马斯洛"自我实现论"的创造观及其启示. 高等教育研究学报, 8(4), 20-24.

[67] 魏欣, 陈旭. (2010). 农村留守初中生亲社会倾向特点及其与人格、家庭功能的关系. 心理发展与教育, 26(4), 402-408.

[68] 武欣, 张厚粲. (1997). 创造力研究的新进展. 北京师范大学学报: 社会科学版, (1), 6.

[69] 吴志超. (2020). 儒家君子人格内涵及结构综述. 大众文艺, (2), 194-195.

[70] 许思安, 张积家. (2010). 儒家君子人格结构探析. 教育研究, 31(8), 90-96.

[71] 徐雪芬, 辛涛. (2013). 创造力测量的研究取向和新进展. 清华大学教育研究, 34(1), 54-63.

[72] 杨付, 张丽华. (2012). 团队沟通、工作不安全氛围对创新行为的影响: 创造力自我效能感的调节作用. 心理学报, 44(10), 1383-1401.

[73] 杨国枢. (1993). 中国人的社会取向: 社会互动的观点. 台北: 桂冠图书公司.

[74] 杨国枢. (2004). 华人自我的理论分析与实证研究: 社会取向与个人取向的观点. 本土心理学研究, 12(22), 11-80.

[75] 杨国枢, 陆洛. (2009). 中国人的自我: 心理学的分析, 重庆: 重庆大学出版社.

[76] 殷开达. (2014). 大学生创造性品格研究(博士学位论文, 浙江大学).

[77] 俞国良. (1996). 创造力心理学. 杭州: 浙江人民出版社.

[78] 俞国良, 张伟达. (2019). 创造力与心理健康: 关系视角的诠释. 中国教育学刊, 40(8). 13-18.

[79] 余秋雨. (2014). 君子之道. 北京: 北京联合出版公司.

[80] 余英时. (1989). 儒家"君子"的理想. 南京: 江苏人民出版社.

[81] 张登浩. (2013). 马斯洛心理健康思想解析. 杭州: 浙江教育出版社.

[82] 张恒寿. (1987). 孔丘. 见中国孔子基金会学术委员会(编), 近四十年来孔子研究论文选编(pp. 289-330)济南: 齐鲁书社.

[83] 张洪家, 汪玲, 张敏. (2018). 创造性认知风格、创造性人格与创造性思维的关系. 心理与行为研究, 16(1), 7.

[84] 张静. (2009). 当代大学生儒道传统价值观与心理健康的关系研究(博士学位论文, 吉林大学).

[85] 张景焕, 王亚男, 初玉霞, 徐希铮. (2011). 三种压力与创意自我效能感对创造力的影响. 心理科学, 34(4), 993-998.

[86] 张文江, 罗怡凡, 张敏. (2022). 大学生成就动机、安全感与创造力倾向的关系研究. 淮阴师范学院学报(自然科学版), 21(1), 42-47.

[87] 赵丽, 吕文皎, 邰鹭明. (2015). 创造力教育在国内外的研究现状及发

展趋势. 当代教育理论与实践, 7(11), 71-74.

[88] 周浩, 龙立荣. (2011). 工作不安全感、创造力自我效能对员工创造力的影响. 心理学报, 43(8), 929-940.

[89] 周宵, 桑青松, 姚本先. (2011). 论孔子"君子"人格的结构及其特征. 河北广播电视大学学报, 16(6), 46-49.

[90] 周晓雪. (2021). 技能人才职业使命感及其对创造力的影响研究(博士学位论文, 北京交通大学.

[91] 朱呈呈, 王晶, 侯玉波. (2019). 儒家式君子人格对员工创造力表现影响研究. (eds.)

[92] 第二十二届全国心理学学术会议摘要集(pp. 1166-1167).

[93] Alderfer, C. P. (1969). An empirical test of a new theory of human needs. Organizational Behavior and Human Performance, 4(2), 142-175. Allport, G. W. (1937). Personality: A psychological interpretation American Journal of Sociology, 13(1).

[94] Amabile, T. M. (1983). The social psychology of creativity: A componential conceptualization. Journal of Personality and Social Psychology, 45(2). 357-376.

[95] Amabile, T. M. (1988). A model of creativity and innovation in organizations. Research in Organizational Behavior, 10, 123-167.

[96] Amabile, T. M. (1993). Motivational synergy: Toward new conceptualizations of intrinsic and extrinsic motivation in the workplace. Human Resource Management Review, 3, 185-201.

[97] Amabile, T. M (1996). Creativity in context. Bounder, co: Westview Press.

[98] Amabile, T. M, Barsade, S. G, Mueller, J. S., &Saw, B. M. (2005). Affect and creativity at work Administrattve Science Quarterly, 50(3), 367-403. Baas, M, De Dreu, C. K. W., & Nijstad, B. A. (2011). When Prevention Promotes Creativity: The Role of Mood Regulatory Focus, and Regulatory Closure. Journal of Personality and Social Psychology, 100(5), 794-809.

[99] Bandura, A, & Adams, N. E. (1977). Self-efficacy: Toward a Unifying Theory of Behavioral Change. Psychological Review, 84(2), 191-215.

[100] Barron, F. & Harrington, D. M (1981). Creativity, intelligence, and personality. Annual Review of Pycholog), 32(1), 439-476.

[101] Brindley, E. (2009). "Why use an ox- cleaver to carve a chicken?" The sociology of the Junzi ideal in the Lunyu. Philosophy East and West, 59(1), 47-70.

[102] Carlo, G., & Randall, B. A. (2002). The development of a measure of prosocial behaviors for late adolescents. Journal of Youth and Adolescence, 31(1). 31-44.

[103] Carson, S. H. Peterson, J. B., & Higgins, D. M. (2005). Reliability, validity, and factor structure of the Creative Achievement Questionnaire. Creativity Research Journal, 17(1), 37-50.

[104] Choi, J. N. (2004). Individual and Contextual Predictors of Creative Performance: The Mediating Role of Psychological Processes. Creativity Research Journal, 16(2), 187-199.

[105] Costa, P. T., & McCrae, R. R. (1985). The NEO PI-R Personality Inventory Manual Odessa, FL: Psychological Assessment Resources.

[106] Csikszentmihalyi, M. (1999). Implications of a Systems Perspective for the Study of Creativity. Handbook of Creativity. 315-317

[107] Cua, A. s. (2007). Virtues of Junzi. Journal of Chinese Philosophy, 34(1), 125-142.

[108] de Bary, W. T. (1991). The trouble with Confucianism. Cambridge: Harvard University Press.

[109] De Dreu, C. K. W., Baas, M., Nijstad, B. A.(2008). Hedonic Tone and Activation Level in the Mood-Creativity Link: Toward a Dual Pathway to Creativity Model. Journal of Personality and Social Psychology, 94(5), 739-756.

[110] Davis, M. A.(2009). Understanding the Relationship between Mood and Creativity: A Meta-Analysis. Organizational Behavior and Human Decision Process, 108(1), 25-38.

[111] Deci, E.L., & Ryan, R. M. (1985). Intrinsic motivation and self-determination in human behavior. New York: Plenum Press.

[112] Eisenberger, R.,& Rhoades, L. (2001). Incremental effects of reward on creativity. Journal of Personality and Social Psychology, 81(4), 728-741.

[113] Eysenck, H. J. (1993). Creativity and personality: Suggestions for a theory. Psychological Inquiry, 4(3), 147-178.

[114] Feist, G. J. (1998). A meta analysis of personality in scientificand artistic creativity. Personality and Social Psychology Review, 2(4), 290-309.

[115] Ford, C. M. (1996). A theory of individual creative action in multiple social domains. Academy of Management Review, 21(4), 1112-1142.

[116] Fredrickson, B. L. (2001). The R ole of Positive Emotions in Positive Psychology.American Psychologist, 56(3). 218-226.

[117] George, J. M., & Zhou, J. (2007). Dual tuning in a supportive context: joint contributions of positive mood, negative mood, and supervisory behaviors to employee creativity. Academy of Management Journal, 50(3), 605-622.

[118] George, J. M., & Zhou, J. (2002). Understanding when bad moods foster creativity and good ones don't: the role of context and clarity of feelings. Journal of Applied Psychology, 87(4), 687-697.

[119] Grant, A. M., Berry, J. W. (2011). The Necessity of Others is the Mother of Invention: Intrinsic and Prosocial Motivations, Perspective Taking, and Creativity. Academy of. Management Journal, 54(1), 73-96.

[120] Gong, Y., Huang, J. C., & Farh, J.L. (2009). Employee learning orientation, transformational leadership, and employee creativity: the mediating role of employee creative self-efficacy. Academy of Management Journal, 52(4), 765-778.

[121] Gough, H. G. (1979). Acreative personality scale for the adjective check list. Journal of personality and social psychology, 37(8), 1398-1405.

[122] Guilford, J. P. (1950). Creativity. .American Psychologist, 5(9), 444-454.

[123] Guilford, J. P. (1967). The nature of human intelligence. New York:McGraw-Hill.

[124] Guilford, J. P. (1986). CREATIVE TALENTS, Their Nature, Uses and Development. New York: Bearly Limited.

[125] Hoever, I. J., Van Knippenberg, D., Van Ginkel, W. P., et al. (2012). Fostering team creativity: perspective taking as key to unlocking diversity's potential. Journal of Applied Psychology, 97(5). 982-996.

[126] Isen, A. M., Daubman, K. A., & Nowicki, G. P.(1987). Positive Affect Facilitates Creative Problem Solving. Journal of Personality and Social Psychology, 52(6), 1122-1131.

[127] Isen, A. M., Johnson, M. M. S., Mertz, E., et al.(1985). The Influence of Positive Affect and Unusualness of Word Associations. Journal of Personality and Social Psychology, 48(6), 1413-1426.

[128] John, O. P., Naumann, L. P., & Soto, C. J.(2008). Paradigm Shift to the Integrative Big-Five Trait Taxonomy: History, Measurement, and Conceptual Issues. In O. P. John, R. W. Robins, & L. A. Pervin (Eds.). Handbook of personality: Theory and research (pp. 114-158). New York, NY:Guilford Press.

[129] Kanfer, R. (1990). Motivation Theory and Industrial and Organizational Psychology. In: Dunnette M D, Hough L M (Eds.). Handbook of Industrial and Organizational Psychology. CA: Counsulting Psychologist Press.

[130] Kaufman, J. C. (2012). Counting the muses: Development of the Kaufman Domains of Creativity Scale (K-DOCS). Psychology of Aesthetics, Creativity, and the Arts, 6(4), 298-308.

[131] Kelly, K. E.(2006). Relationship between the five-factor model of personality and the scale of creative attributes and behavior: a validational study. Individual Differences Research, (4).299-305.

[132] Kirton, M. J. (1976). Adaptors and innovators: A description and measure. Journal of Applied. Psychology, 61(5), 622-629.

[133] Markus, H., & Kitayama, s. (1998). The cultural psychology of personality. Journal of Cross-Cultural Psychology, 29(1), 63-87.

[134] Maslow, A. H (1954). Motivation and Personality. New York, NY: Harper & Row Publishers.

[135] Maslow, A. H(1962). Toward a psychology of being. Princeton: Van Nostrand Press.

[136] Maslow, A. H. (1971). The farther reaches of human nature. New York: Viking Press.

[137] McCrac, R. R. (1987)Creativity, divergent thinking and openness to experience. Journal of Personality and Social Psychologv, 52(6), 1258-1265.

[138] Mumford, M. D. (2011). Handbook of organizational creativity. Academic Press.

[139] Oldham, G. R., Cummings, A. (1996). Employee creativity: personal and contextual factors at work. Academy of Management Journal, 39(3), 607-634.

[140] Podsakoff, P., Organ, D. (1986). Self Reports in Organizational Leader Reward and Punishment Behavior and Research: Problems and Prospects. Journal of Management, 12(4), 531-544.

[141] Prince, M. (1908). Dissociation of a Personality: A Biographical Study in A bnormal Psychology. London: Longmans Green and Co.

[142] Rogers, C. (1969). Freedom to Learn. Columbus, OH: Charles E.

Merrill.

[143] Puryear, J. S., Kettler, T., Rinn, A. N. (2017). Relationships of personality to differential conceptions of creativity: A systematic review. Psychology of Aesthetics, Creativity, and the Arts, 11(1). 59.

[144] Sawyer, K. R. (2006). Explaining Creativity: The Science of Human Innovation. New York: Oxford University Press.

[145] Schuldberg, D.(2005). Eysenck personality questionnaire scales and paper- and-pencil tests related to creativity. Psychological Reports, 97(1), 180-182.

[146] Schwarz, N., & Clore, G. L. (1981). Mood, misattribution, and judgments of well-being: informative and directive functions of affective states. Journal of Personality & Social Psychology, 45(3), 513-523.

[147] Silvia, P. J., Wigert, B., Reiter-Palmon, R, &Kaufman, J. C. (2012). Assessing creativity with self-report scales: A review and empirical evaluation. Psychology of Aesthetics, Creativity, and the Arts, 6(1), 19-34.

[148] Soldz, S., Vailant, G. E. (1999). The big five personality traits and the life course:a 45-year longitudinal study. Journal of Research in Personality, 33(2), 208-232.

[149] Tierney, P., & Farmer, S. M.. (2002). Creative self-efficacy: its potential antecedents and relationship to creative performance. Academy of Management Journal, 45(6), 1137-1148.

[150] To, M. L., Fisher, C. D., Ashkanasy, N. M., et al.(2012). Within-Person

Relationships between Mood and Creativity. Journal of Applied Psychology, 97(3),599-612.

[151] Watson, B. (Tran.). (2007). The Analects of Confucius. New York: Columbia University Press.

[152] Woodman, R. W., Sawyer, J. E., & Griffin, R. W. (1993). Toward a theory of organizational creativity. Academy of Management Review, 18(2). 293-321.

[153] Zhou, J., & George, J. M (2003). Awakening employee creativity:the role of leader emotional intelligence. The Leadership Quarterly, 14(4-5), 545-568.

[154] Zhou, J., & Shalley, C. E. (2010). Deepening our understanding of creativity in the workplace. In S. Zedeck et al. (Eds.). APA Handbook of Industrial -Organizational Psychology (vol. 1, PP. 275-302). Washington, DC: American Psychological Association.

附录

天行健,君子以自强不息。
地势坤,君子以厚德载物。

附录1 研究1使用的君子人格和创造力问卷

一、子人格问卷（李小明，2020）

使用Likert5点量表记分（1=非常不符合，5=非常符合）

题　目
1.对于生活中的人和事，我能够用智慧去解决，而不会感到迷惑
2.对于生活中的人和事，我勇于迎接挑战，而不会感到恐惧
3.无论遇到什么困难，我都能清楚地知道自己所应当做的事情
4.我心胸宽广、安然舒泰，可以坦然面对各种人和事
5.我敦厚自重，在我所处的群体中有一定的威信
6.我能够感受到生活中的积极所在，不会感到忧虑
7.在小事上我和别人没有区别，但在大事上我比别人更能承担责任
8.我的内在实质和外在形式是相当的
9.我按照社会规范来行事
10.我处理事务时会按照社会规范
11.我立身行事保持恭敬谦逊
12.我认为古圣先贤所流传下来的格言是值得敬畏的

续表

题 目
13.我时时刻刻坚守仁德之心
14.我能与人和睦相处
15.我总是以诚信的态度来完成事务
16.进行抉择时,相较于权衡利益,我更擅长以道义的视角去评判
17.相较于财富和利益,我更注重追求仁义道德等抽象的东西
18.相较于追求固定的居所,我更倾向于追求有道德的生活
19.道义是我处理事务的根本
20.相较于吃穿,我更倾向于考虑道义
21.在困境中,我依然会坚守道德
22.为我做事的人用不正当的方法讨我喜欢,我觉得也挺开心的
23.在利益面前,我没那么在意自己是否违法
24.我觉得生活中遇到的问题常常是别人造成的
25.别的人要做坏事,我觉得我可以成全
26.一个人如果话说得好,我会认为他她是个好人
27.我会为了与周围人观点保持一致而改变自己的看法,以迎合他人
28.我恭敬谦逊,不喜欢与人争
29.我更多地对自己有要求,而非与他人争
30.我安详舒泰,不傲气凌人

· 105 ·

二、创造力问卷(王洪礼,刘红,2009)

使用Lkert5点量表记分(1=非常不符合,5=非常符合)

题　目
1.我听课时有时会冒出奇妙的想法,并且兴奋不已
2.解决问题时,即使没有可借鉴的经验,我也能够灵活应对
3.当遇到难以解决的问题时,我能及时改变思考角度
4.当找不到我所需要的物品时,我能很快想到一件替代品
5.当一种途径方法没取得预期效果,我能很快想到其他可行的途径方法
6.必要时,我也能将别人看来风,马牛不相及的事物联系在一起
7.即使我想好了一个重要问题的解决思路,也会尝试其他思路
8.我不喜欢模仿别人,而喜欢与众不同地表现
9.当再次遇到问题时,我会驾轻数熟的使用经验去解决
10.当再次遇到老问题时,我会尽力寻求新捷径去解决老问题
11.在做同一件事时,我更乐意想出与别人不同的办法
12.我不愿拘泥于现成答案,更愿意积极思考寻求新的方法
13.即使没有答案或结果,我也乐意为新新的想法花费大量时间
14.我有很多异想天开的想法
15.有时我会对大多数人深信不疑的东西表示怀疑
16.我能发现教材、书籍或者刊物中某些表达不流畅陈述有问题的文字
17.对于问题的解决方法,我不认为老师思考的更为正确

续表

题　目
18.对于已有的定论，我经常会怀疑其正确性
19.我总是坚持我认为正确的观点，不会因专家或老师地观点而轻易改变
20.我不认为教材上、书本上的东西都是对的
21.解决问题的过程中，我会有意识地对自己的思路是否正确、合理进行监督控制
22.做事情时我喜欢三思而后行
23.解答或解决完问题后，我会对解决问题的每一个过程进行检查和思考
24.问题解决后，我仍会对自己在解决问题中所用的方法再进行思考
25.解决完问题，我思考更多的是解决过程和方法，而不是结果
26.我喜欢模仿别人，不喜欢与众不同的表现

附录2　研究2使用的创造力和自我实现问卷

一、创造力问卷（Kaufman, 2012）

与你的年龄和生活经验相似的人比较，如何评价你在以下行为上的创造性？对于你没有过的行为，根据类似任务上的表现评估你的创造潜能。

使用Likert 7点量表记分（1=非常不符合，7=非常符合）

题　目
1.没钱的时候找到有趣的事做
2.帮助其他人应对困难情境
3.教别人怎么做事
4.在工作和个人生活之间保持良好平衡
5.懂得如何让自己快乐
6.能够以健康的方式解决个人问题
7.想到帮助他人的新方法
8.选择最好的解决问题的方法
9.策划一次满足所有朋友需要的旅行或活动
10.调解两个朋友之间的争论或纠纷
11.使他人感到放松和自在

二、自我实现动机问卷（高日光等，2009）

使用Likert 7点量表记分（1=非常少，7=非常多）

题　目
1.想自我挑战
2.为了锻炼自己的能力
3.想发挥自己的专长
4.为了证明自己的能力和才华

附录3 研究3使用的实验指导语

第一步：将被试随机分为A、B两组，并展示指导语

A组的被试会看到这样一段指导语：

"很高兴地通知您！您刚才填写的人格问卷，其实是我们对您是否具有创造力的一种间接测试，通过前面对您的测试，我们发现您是一位有理想追求，热衷挑战自我，在创造力上特别有专长的人，因为您在我们刚才的测试中排名达倒了前15%"。

B组的被试会看到这样一段指导语：

"很遗憾地通知您！您刚才填写的人格问卷，其实是我们对您是否具有创造力的一种间接测试，我们发现您不具备很高的创造力，通过前面对您的测试，我们发现您是一位倾向满足现状，在创造力上没有什么专长的人，因为您在我们刚才的测试中排名在后15%"。

两个组别均展示一段语句：

"我们都知道创造力的任务很难，您是否希望在接下来的创造力测试中充分发挥自己的才能？"。

第二步：开始多用途任务

接下来，两个小组的被试开始完成创造力的多用途任务（alternative uses task, AUD）（Guilford, 1967）。实现挑选了床单和筷子两种物品开展多用途任务。

多用途任务指导语：

诗您尽可能多地想出床单/筷子的创造性用途。你的目标是想出具有创造性的想法，这些想法让人觉得是聪明的、不寻常的、有趣的、不常见的、幽默的、新颖的、与众不同的。

你的想法不一定必须是实际的或现实的：只要它们是创造性的用途而不是普通用途，它们甚至可以是愚蠢或奇怪的。

你可以在每个空格中输入任何你喜欢的想法，在2分钟之内，你可以输入任意数目的想法，但创意的质量比数量更重要。有几个真正好的想法比有一大堆没有创意的想法要更好。

致谢

天行健,
君子以自强不息
地势坤,
君子以厚德载物

致 谢

时光荏苒，六载著梦。

2016年的金秋，我踏入洒满金色杏叶的燕园。促使我走进北大进修的动机是从事创新创业教育的使命感。入学伊始，想的是从发展心理学的视角研究大学生创业倾向。随着知识的积累，思路进一步开拓，创业者在创业各阶段的心理状态也成了萦绕在脑海的课题之一，再接着是创业者的人格特质……

未名湖是个海洋，湖畔的我看到了知识的浩瀚，进而求知若渴。

在课堂上，我聆听到了侯玉波老师关于君子人格的论述，那一刻我顿悟，君子人格与大学生创造力不就是我寻找的研究方向吗？经过反复申请，我最终成为了侯老师的弟子。

本书能够付梓，离不开侯老师的精心指导。但侯老师对我的指引不止于写完这一本书。"师者，传道授业解惑也"，对我影响最大的，莫过于让君子人格走入了我的生命，并成为工作的一部分。将兴趣、工作、生命融为一体，是人生之幸。

所谓恩师，莫过于斯。

所遇良师，不止于斯。

谢晓非、方方、苏彦捷、王垒、陆昌勤、姚翔、魏坤琳、毛利华、

致 谢

孟祥芝、张昕、钟杰……

看到的是名字，脑海中浮现的是课堂上的音容笑貌，刻入骨髓的是北大精神的传承。得以在博雅塔下聆听良师教诲，幸甚至哉。

要感谢的人还有很多，张旭辉老师、韩颖老师，还有北大博士生曹毅、中科院宋莉莉博士、北大芦莉博士……

本研究在撰写过程中需要收集大量数据，时间长、任务重，在执行过程中得到了工作单位领导和同事们的大力支持。感谢你们！

最后，我存点私心，想感谢一下我的家人，尤其是我的双胞胎女儿——诗情和画意。"爸爸忙工作和学术，疏于对你们的照顾，亏欠了你们，但如'Dr.魏'在视频中对你们所讲，爸爸是爱你们的。谢谢你们对爸爸的理解和支持！"

感谢所有！

感恩所有！

2022年6月